Annette Ki Salmen

Mohnfrau

Wege zur Heilung durch Trance

Arun

ANNETTE KI SALMEN ist Diplompädagogin mit mehr als 25 Jahren Berufserfahrung, Heilpraktikerin (Psychotherapie), Gründerin der Lichtraumpraxis, Feldforscherin im Bereich klassischer Therapieverfahren mit archaisch sinngebenden Methoden sowie Lehrerin und Ausbilderin am *Felicitas-Goodman-Institut* Deutschland und am *Cuyamungue-Institut*, USA.

Mehr Informationen finden Sie unter WWW.DREAM-VISIONS.DE

Copyright © 2010 by Arun-Verlag;

Arun-Verlag, Engerda 28, D-07407 Uhlstädt-Kirchhasel,

Tel.: 036743/233-0, Fax: 036743/233-17

e-mail: info@arun-verlag.de; www.arun-verlag.de

Fotos: © Annette Ki Salmen für die Seiten 30, 42, 44, 58, 68, 76, 82, 94, 100, 110, 112, 115 - 138, 150, 162. Alle anderen Abbildungen sind Bildzitate aus Büchern, siehe Bibliographie.

Satz: Stephan Pockrandt, eislicht@gmx.de

Gesamtherstellung: Hubert & Co, zeitbuch, Göttingen.

ISBN 978-3-86663-047-5

Inhaltsverzeichnis

Einleitung

Das, was dieses Buch entstehen lässt, ist die Erfahrung, mit den Trancehaltungen nach Felicitas Goodman eine Technik zur Verfügung zu haben, eigentlich eine Körpertechnik, die es uns modernen Menschen ermöglicht, Kontakt zum Himmel zu bekommen. Mit dem Begriff „Himmel" ist hier natürlich nicht der Himmel mit Wolken und Sonne gemeint, sondern der Himmel, der uns in unserer Kindheit als das Paradies versprochen wurde. Dieses Paradies, das denen zugänglich sein sollte, die es sich durch Wohlverhalten im religiösen Sinn verdient hatten, und leider auch erst nach diesem Leben, jenseits dieses Lebens, nachdem der jetzige Körper durch den Tod nicht mehr existent wäre. Durch die Trancehaltungen nach Felicitas Goodman haben wir nun eine recht einfache Möglichkeit, einen weiten Raum der anderen Wirklichkeit, des Übernatürlichen, des Numinosen, bereisen zu können. Ein Heraustreten aus unserem normalen Bewusstseinszustand in etwas Erweitertes ist möglich. Felicitas selber sagte dazu einmal: „Wir fliegen zu den Geistern während dieser Reisen", vielleicht könnte man auch sagen, wir tanzen mit den Geistern. Und dies ist eine Möglichkeit, jetzt ein Paradies zu betreten.

Der Begriff „Geister" bedarf hier auch sofort einer Klärung. In Europa ruft das Nennen dieses Wortes Phantasien von Spukgestalten, Poltergeistern, Halloweenschabernack und Ähnliches auf den Plan.

Das ist jedoch weit entfernt von der Begrifflichkeit, die von Felicitas Goodman gemeint war, als sie die Wesen, die ihr in den Trancereisen begegneten „Geister" nannte.

Der erste Kontakt zu diesen Geistwesen entstand für sie in Neu-Mexiko auf dem Gelände, das dann später zu ihrem Cuyamungue-Institut wurde. Hier ist der Einfluss der Nativen dieses Kulturkreises deutlich zu spüren. Geister sind hier erfahrbar in Form von Wind, Wasser, Donner und Blitz, ja sie sind sozusagen inkorporiert in diesen Naturkräften.

Wer einmal Zeuge eines Corn-Dance – dem Ernte-Dank-Tanz einer Pueblogemeinschaft war, wer erlebt hat, wie hunderte von Menschen in farbenfrohen, rituell geschmückten Gewändern bei den Frauen, mit bemalten Körpern und ledernen Lendenschürzen die Männer, über viele Stunden in großer Hitze auf dem Dorfplatz ihren Geistwesen tanzend danken für Regen und Ernte und dann urplötzlich wie aus dem Nichts eine Wolkenwand heraufzieht und ein starker Regen niedergeht, der bekommt eine Vorstellung davon, mit welchen Kräften wir es hier zu tun haben.

In diesem Buch verknüpfen wir diese Technik der Körperhaltungen und ihrer Wirksamkeit mit dem Gedankengut westlicher Psychotherapie. Wir wollen zeigen, wie durch die Einbindung des Kontaktes zu einer „höheren Instanz" die Erfahrungen, die während der Trancereisen gemacht werden, zutiefst heilsam, sinnstiftend und ganzheitlich wirken können.

Das, was die Teilnehmer aus den Reisen zurückbringen, wird sowohl verstanden als etwas, was sie in einer anderen Realität erleben, als auch gleichermaßen als Möglichkeit, Einblick in ihr Unterbewusstes zu erhalten.

Es wird in diesem Buch davon ausgegangen, dass eine klare Trennung dieser Bereiche nicht nötig und auch wohl nicht immer möglich ist.

Die Verfasserin und viele andere, die mit dieser Technik arbeiten, haben seit vielen Jahren sehr gute therapeutische Erfolge erzielt, indem sie die Trancehaltungen und deren Ergebnisse mit psychotherapeutischer Arbeit verknüpfen. Es ist möglich, mit Hilfe des Materials, das in den Trancereisen gefunden wird, weitere Schritte zu gehen, in der Aufdeckung von Traumata, in der Aufklärung von lange Vergessenem, in der Entschlüsselung von weißen Flecken der inneren Landkarte eines Menschen.

Wenn in diesem Buch von „Psychotherapie" gesprochen wird, sind weniger die analytisch arbeitenden Therapiemethoden gemeint. Es wird ausgegangen von einem prozessorientierten Ansatz.

Durch Einsatz der Haltungen in der psychotherapeutischen Arbeit kann es gelingen, das Leben eines Menschen gesunden zu lassen und über die eigene kosmische Einbindung in das große Ganze der Welt ein ganzheitliches Bewusstsein herzustellen.

Ein Mensch, der mehr über sich selbst erfährt und diese Erfahrung in sein Leben so integrieren kann, dass er fortan nicht mehr von unbewussten Motiven gesteuert funktioniert, wird sicherlich im Hier und Jetzt gesünder leben können als zuvor.

Dieser mehr psychotherapeutisch orientierte Ansatz zur Arbeit mit den Trancehaltungen setzt sich heute auch in den Instituten immer mehr durch. In Europa im „Felicitas-Goodman-Institut" und im „Cuyamungue-Institut" USA haben viele der Studenten und Studentinnen der Trancetechnik schon therapeutische Ausbildungen durchlaufen. Sie finden hier eine Ergänzung, die ihre Arbeit komplettiert und bereichert.

Felicitas Goodman selbst, die aus der anthropologischen Forschungsrichtung auf die Haltungen blickte, hatte anfänglich einen mehr anthropologisch orientierten Standpunkt bezogen und so finden sich auch in Felicitas Goodmans Büchern wenige Ansätze dessen, über das hier berichtet wird. Somit ist dieses Buch als eine Erweiterung der Forschung mit den Trancehaltungen zu verstehen, die uns Felicitas auf so wunderbare Weise wieder ins Bewusstsein, in die heutige Welt, gebracht hat.

Es werden in diesem Buch acht der mittlerweile ca. hundert erforschten Körperhaltungen ausführlich beschrieben und behandelt und optisch dargestellt. Durch Fallbeispiele bekommt der Leser einen Eindruck von den Möglichkeiten der Reiseerfahrungen.

In den Kapiteln über Seelenrückholung und Maskentanz sind dann noch einige weitere Haltungen beschrieben.

Wer an der großen Vielfalt der inzwischen von Mitarbeitern der verschiedenen Institute erforschten Haltungen interessiert ist, möge sich bitte in der vorhandenen Literatur informieren.

Für den Einsatz in der therapeutischen Arbeit und auch für den Anfänger und die Anfängerin in der Arbeit mit den Haltungen ist es zunächst von Vorteil, sich auf einige Haltungen zu beschränken. Die große Vielfalt der möglichen Körperhaltungen befriedigt zwar einerseits unseren Drang nach exotischem Erleben, verhilft aber eher nicht zu möglichst klaren Ergebnissen in den Erfahrungen.

Zur Geschichte:
Wie alles entstand

Um dem Leser einen Eindruck über die Entwicklung der Forschung und Erfahrungen mit den Trancehaltungen zu bieten, hier ein wenig „Geschichtsschreibung".

Felicitas Goodman, die 91jährig nach einem erfüllten Leben im Jahr 2005 von uns gegangen ist, war in vielerlei Hinsicht eine Pionierin.

Im Alter von 51 Jahren begann sie nach ihrer Auswanderung in die USA kurz nach dem 2. Weltkrieg mit einem neuen Studium. Sie belegte an der Dennison Universität von Ohio anthropologische Vorlesungen und traf hier auf ihre Doktormutter Erika Bourginion.

Sie widmete sich in der Folgezeit der Erforschung des Zungenredens in neuapostolischen Pfingstgemeinden, hauptsächlich in Yucatan und Mexiko-City.

Diese Gemeinden erleben ein gemeinsames rituelles Geschehen.

Durch Klatschen und Stampfen, also durch eine rhythmische Stimulation während des gemeinsamen Singens, entsteht ein kollektiver Trancezustand, einige Gemeindemitglieder beginnen, „in Zungen zu sprechen".

Als linguistisch versierte Ethnologin fand F. Goodman heraus, dass die Intonationskurven während des Zungenredens immer gleich waren, unanhängig davon, welche Sprache oder welche Silben ohne erkennbaren Sinn in den Gemeinden intoniert wurden.

Das ließ den Umkehrschluss zu, dass es bei diesem „in Trance fallen", das in den Gottesdiensten der Gemeinden geschieht, um etwas Allgemeingültiges geht, um etwas das grundsätzlich allen Menschen möglich ist.

F. Goodman experimentierte in der Folgezeit mit ihren Studenten.

Sie versuchte, Gruppen von Studenten durch rhythmische Stimulation, das heißt durch den Klang einer Rassel oder einer Trommel in den Zustand zu versetzen, den sie in den Mittelamerikanischen Gemeinden erforscht hatte. Die Ergebnisse blieben aber eher unspektakulär.

Um einiges später stieß sie durch die Anregung eines Kollegen auf die Tatsache, dass es weltweit in Museen und auf Abbildungen von Kunstobjekten eine große Menge Figuren gibt, die in einer ungewöhnlichen Körperhaltung dargestellt sind.

Diese Erkenntnis brachte dann den wirklichen Durchbruch in ihrer Forschung. Sie bat ihre Probanden, eine solche Körperhaltung einzunehmen, dazu rasselte sie in einem gleichmäßigen, relativ schnellen Beat. Diese Versuchsanordnung brachte erfreuliche und erstaunliche Resultate. Die Versuchspersonen wurden angeleitet zu erwarten, dass das, was sie tun würden, sowohl normal d. h. „nicht verrückt" sei, als auch, dass es Spaß machen würde. Da begannen die Studenten, über Visionen zu berichten, die sie während des Versuches hatten.

Dies war der Durchbruch zur Erforschung der Technik, die wir heute als „Rituelle Körperhaltungen und ekstatische Trance" (©) kennen.

Neben der Körperhaltung und der rhythmischen Stimulation, gibt es noch zwei andere wesentliche Voraussetzungen, damit die ekstatische Trance entstehen kann: die Teilnehmer sollten in eine besondere Form der Konzentration versetzt werden, bevor die Rhythmik beginnt. F. Goodman erreichte das, indem sie ihre Probanden 50 konzentrierte Atemzüge machen ließ. Eine weitere wichtige Voraussetzung ist, dass die Menschen etwas Besonderes erwarten. Die Erwartungshaltung scheint wichtig dafür zu sein, dass ein Bewusstseinszustand jenseits des normal gewohnten entstehen kann. Das kleine Anrufungsritual, das Goodman in Anlehnung an die Kosmologie der indianischen Nachbarn ihres Cuyamungue-Institutes kreierte, spielt daher als Einleitung in den Trancezustand eine wichtige Rolle.

An dieser Stelle soll Felicitas Goodman einmal selbst zu Wort kommen:

> *Bei der religiösen Trance handelt es sich um den Ausdruck einer vielgestaltigen Erbanlage, die in unseren Genen genau so fest verankert ist wie etwa der Schlaf. Im Gegensatz zu den Phasen des Schlafes, die einen biologisch bestimmbaren Ablauf aufweisen, wird die religiöse Trance transkulturell streng rituell gesteuert. Das ist eine bemerkenswerte Leistung, da sie vom Biologischen*

her gesehen äußerst vielschichtig ist. Aus Untersuchungen im pho-
netischen Labor hat sich zum Beispiel ergeben, dass im Sprech-
muster bei der religiösen Trance unverkennbare Intonationskur-
ven entstehen, die sich grundlegend von den Intonationskurven
beim Sprechen in der gewöhnlichen Bewusstseinslage oder bei an-
deren veränderten Bewusstseinslagen unterscheiden. Bei neuro-
physiologischen Laborversuchen hat sich ebenfalls herausgestellt,
wie dramatisch aber auch paradox sich dieses Phänomen gestaltet.
Im Gehirn etwa erscheinen die Thetawellen des „Nichterlebens",
gleichzeitig jedoch auch das elektrische Potential des überwälti-
genden Erlebnisgeschehens. Der Blutdruck sackt ab, während der
Puls, statt wie erwartet abzusinken, in der Tat ansteigt. Und das
Gehirn beginnt das Beta-Endorphin, das körpereigene Opiat, in
die Blutbahn auszuschütten, was eine intensive Euphorie zur Fol-
ge hat. Aus dem Zusammenwirken dieser Vorgänge, und sicher
spielen auch noch andere, bisher unbekannte Faktoren eine Rolle,
entsteht eine starke Erregung, eben die biologische Tür, die zum
ekstatischen Erlebnis führt, zum Gesicht, zur Schau, zur Vision.
Wenn man allerdings ein derartiges Erlebnis mit „Halluzination"
bezeichnet, unterstellt man einen pathologischen Vorgang.[1]

Felicitas Goodman hatte zu Beginn der 60iger Jahre ein Stück Land in Neu-Mexiko er-
worben. Es liegt umgeben von den Pueblos der eingeborenen Bevölkerung, unweit von
Santa Fe in der Hochwüste Neu-Mexikos.

Hier war der Ort, an dem sie zum ersten Mal mit den Geistwesen ihrer Trancehaltungen in Kontakt kam, die Geschichte ist ausführlich nachzulesen in ihrem Buchklassiker „Wo die Geister auf den Winden reiten".

Als sie 65jährig ihre Professur an der Universität aufgeben musste, gründete sie hier
auf ihrem Land ihr Cuyamungue-Institut zur Erforschung der Trancehaltungen. Hier hat
sie dann in den fast drei Jahrzehnten bis zu ihrem Tod, unterstützt von vielen Mitarbei-

---

1) Zitat aus: Manuskripte Zeitschrift für Literatur/93 121a

tern und Mitarbeiterinnen, in jedem Sommer Workshops mit den Trancehaltungen angeboten. Viele Menschen aus aller Welt kamen, um bei dieser erstaunlichen Frau über den Eintritt in andere Welten zu lernen. Der Ort ist auch heute noch als Cuyamungue-Institut für Workshops und Forschung zugänglich.

Felicitas Goodman ist im universitären, wissenschaftlich orientierten Umfeld, in dem sie arbeitete und lehrte, mit ihrer bahnbrechenden Forschung und ihren Erkenntnissen nur sehr begrenzt gesehen und anerkannt worden.

Sie hat lange gezögert, bevor sie 1989/90 mit dem Buch. „Wo die Geister auf den Winden reiten" ihre ersten Erfahrungen veröffentlichte. Im Laufe der Zeit ist dann aber die Methode, die wir heute als „Rituelle Körperhaltungen und ekstatische Trance" bezeichnen, weltweit immer bekannter geworden. Viele Menschen erleben es als angenehm, dass in Felicitas Goodman eine westlich erzogene, in nachvollziehbaren Mustern wissenschaftlich denkende Frau diese zutiefst schamanische Methode der Öffentlichkeit zugänglich gemacht und erklärt hat.

In ihren Büchern finden wir immer wieder Hinweise darauf, wie Felicitas Goodman mit Demut und großem Respekt in eine Welt eingetreten ist, die ihr wohl aus ihrer Kindheit bekannt war, die dann aber für eine lange Zeit ihres Lebens verschlossen schien.

Die Faszination und die Liebe zu der Welt ihrer Trancegeister ist bei ihr geblieben bis zu ihrem eigenen Übergang in eine andere Welt, über die sie Jahre vorher in ihrem Buch „Meine letzten 40 Tage" berichtet hatte.

Die Methode hat ungeachtet aller Ungläubigen ihren Weg in die Welt gefunden. Viele Menschen aus ganz unterschiedlichen Berufsbereichen erfahren durch die Trancehaltungen eine Anbindung an etwas, das ihnen sonst verschlossen war. Ein transzendenter Bereich eröffnet sich. Es ist mit den Haltungen möglich zu etwas „Numinosem", wie Felicitas Goodman es ausdrückte, in Kontakt zu sein. Die Bezeichnung scheint auch gar nicht so wichtig. Egal ob wir sagen „die andere Wirklichkeit", „das Numinose", „die Anderswelt", viel wichtiger als die Bezeichnung ist, dass die Methode den Menschen ermöglicht, zu etwas außerhalb ihres Selbsts in Kontakt zu treten, eine „religiöse" Anbindung nicht nur zu denken, sondern körperlich zu erfahren.

Dabei sind dann auch die jeweiligen Erfahrungen zwar unter Umständen geprägt vom bisherigen Glauben des Anwenders, es ist aber nicht nötig, einen bestimmten Glauben zu haben, um von der Technik zu profitieren.

Gleichgültig, welcher Religionsgemeinschaft ein Interessent angehört, kann jeder profitieren von den Möglichkeiten der Tranceerfahrung. Nötig ist lediglich der Wunsch und Wille, sich auf etwas Unbekanntes einzulassen. Zum Beispiel wird ein christlich erzogener Mensch vielleicht Engel sehen, die ihm Botschaften sagen. Ein Mensch einer anderen Glaubensgemeinschaft erlebt Tierwesengeister.

Genauer gesagt: Es ist nicht vonnöten irgendetwas Vorgegebenes zu glauben, wenn ich mich einlassen möchte auf die Erfahrung einer Trancereise.

Auch ist das innere Erlebens auf vielfältige, sehr unterschiedliche Art und Weise möglich.

Arnold Mindell erklärt in seinem Buch „Traumkörper in Beziehungen" anschaulich, wie innere Wahrnehmung bei verschieden strukturierten Menschen unterschiedlich funktioniert.

Visuelle Typen sind Menschen, bei denen die Erfahrung in inneren Bildern gesehen wird. Dies ist oft das erwünschte Ziel von Anfängern, die mit Trancereisen beginnen.

Nun sind aber eben nicht alle Menschen gleich funktionstüchtig im visuellen Bereich.

Kinästhetisch funktionierende Menschen haben das Gefühl, etwas Taktiles zu erleben. Eine Trancereise wird bei einem solchen Menschen ganz anders funktionieren. Sie werden keine Bilder sehen, sondern im Gefühlsbereich Botschaften erhalten.

Jemand mit hauptsächlich auditiver Wahrnehmung wird glauben, etwas zu hören, ihm werden hörbare Botschaften in Trance zuteil.

Natürlich gibt es auch große Unterschiede im Erleben der Menschen, die sich auf dem Hintergrund der schon gemachten Erfahrungen eines Probanden entfalten. Jemand, der seit vielen Jahren gewohnt ist, sich selbst zu beobachten, und diese Beobachtungen in Worte zu fassen, wird präziser berichten können über inneres Erleben als ein Mensch, für den dieser Bereich ganz neu ist.

Es gibt nichts festgelegtes oder allgemein vorgegebenes in den Ergebnissen im Trancehaltungssystem.

Alle gemachten Erfahrungen werden gesehen im Kontext des Lebenshintergrundes des Menschen, der gerade diese Erfahrung macht. Wir haben hier weder Interpretationsraster noch allgemeingültige Ergebnisvorgaben.

Für Menschen, die ungeübt sind in Selbsterfahrung, im „Sich selber Wahrnehmen" sei daher an dieser Stelle empfohlen, die ersten Erfahrungsschritte mit der Trancetechnik nicht ganz allein zu machen. Es wäre schade, wenn etwas, das klar auszumachen ist als Tranceerfahrung, einfach nur nicht erkannt wird, weil die experimentierenden Menschen nicht den notwendigen Erfahrungshintergrund haben.

Heute nach mehr als 30 Jahren seit der Entdeckung der Technik, nach nahezu 20 Jahren in denen der Klassiker „Wo die Geister auf den Winden reiten" immer weitere Verbreitung und eine große Leserschaft erreicht hat, ist die Technik der Trancehaltungen für viele Menschen, sowohl privat als auch professionell eingesetzt, nicht mehr aus ihrem Leben wegzudenken. Inzwischen wächst die Zahl der erforschten Körperhaltungen kontinuierlich weiter.

Viele, die einmal mit der Technik in Kontakt gekommen sind, bleiben dieser Art von innerer Arbeit ihr Leben lang verbunden.

Auch in Hochburgen traditioneller Religion und Medizin entdecken immer mehr Menschen die segensreiche Wirkung der Haltungen. So sind fortschrittliche Theologen und undogmatische Mediziner heute bereit, das zu tun, was den Menschen Heilung sowohl körperlich als auch geistig ermöglicht.

Felicitas Goodman selber ist ein herausragendes Beispiel für die segensreiche Wirkung der von ihr wiederentdeckten Technik. Noch im hohen Alter unternahm sie allein Flugreisen, sie war wach und klar und erstaunlich beweglich und robust, wenn sie mit Eifer und Hingabe für die Teilnehmer ihrer Seminare mit der Rassel den Beat schlug. Sie selbst war ein wandelndes Beispiel für den von ihr geprägten Ausspruch: „Trance ist gesund!" Wer sie kennenlernen durfte und vor sich das Bild sieht, wie sie munter in hohem Alter die Rassel schwingt, hat vor sich ein lebendes Beispiel für den von ihr geprägten Ausspruch.

Trance:

Hokuspokus oder wovon

sprechen wir eigentlich?

Trance ist etwas, das in unserem heutigen Kulturkreis keine ungebrochene Tradition mehr hat.

Rausch kennt eigentlich jeder; Trance, da sind Assoziationen zum „verrückt sein" nicht weit, das ist etwas, an das sich viele nicht so recht herantrauen. Es ist anrüchig, mit so etwas zu tun zu haben, jedenfalls für eine undefinierte Mehrheit in unserer Gesellschaft.

Hier seien einige Formen der Ausprägung von möglichen Tranceerscheinungen aufgezählt, ohne einen Anspruch auf Vollständigkeit, denn eigentlich sind die Möglichkeiten dessen, was in Trance erfahren werden kann, subjektiv und außerordentlich vielfältig.

1. Zeit bekommt eine neue Ausdehnung. Es kann einen Zeitlupen- oder auch einen Zeitraffereffekt geben.

2. Der Raum kann sich vergrößern oder auch verkleinern. Es ist auch möglich, dass der Raum sich in unregelmäßiger Form verändert.

3. Möglicherweise pulsiert der Raum.

4. Der Standpunkt zwischen Vergangenheit und Zukunft erweitert sich.

5. Materie erscheint weniger fest.

6. Sehen und Hören kann schärfer werden.

7. Gefühle können große Intensität erreichen, möglicherweise weitet sich das Ich-Gefühl auf anderes und andere Menschen aus. (Mitempfinden für z. B einen Stein)

8. Außerkörperliche Erfahrungen sind möglich.

9. Eine bioenergetische Befreiung aus dem Charakterpanzer kann stattfinden.

10. Trance kann das Phänomen der Entkonditionierung bewirken.

11. Vielfältige Form visionärer Wahrnehmung geschieht.

Beim Ansehen dieser Möglichkeiten bekommt der Leser einen Eindruck davon, wie sehr wir es hier mit Erscheinungen zu tun haben, die oftmals wegen ihrer Abweichung von der Norm als krank eingestuft werden oder wurden.

Felicitas Goodman war es immer ein Anliegen, zu beweisen, dass Schamanen in ihrem Tun beim schamanischen Reisen etwas zutiefst Gesundes und eben Natürliches vollbringen.

Mittlerweile nach 30 Jahren Forschung im lebendigen Umgang mit den Haltungen und tausenden von Erfahrungsberichten, ist die Sicherheit in der Praxis mit den Haltungen gewachsen.

Inzwischen werden Trancehaltungen auch von Ärzten, Theologen, Psychologen geschätzt und angewandt.

Hier eine aus dem amerikanischen Englisch übersetzte Beschreibung einer Mitarbeiterin des Institutes in den USA, Deborah Milton PhD.:

Kurzes Zeugnis der Kraft und Stärke der Ekstatischen Körperhaltungen.

Theodor Roszak vertritt in seinem Buch „The Voice of the Earth" die These, dass im Zentrum des menschlichen Verstandes ein ökologisches Unbewusstes existiert - ähnlich aber auch unterschiedlich zu C. G. Jungs Konzept des kollektiven Unbewussten – das das Wohlfühlen unserer Seele mit einer intimen Verbindung mit der Erde und den lebendigen Zeugnissen der Evolution verbindet. Ein Weg, diese Verbindung wieder zu erwecken, ist es zu „reisen", hinein in etwas, was wir modernen Menschen als nichtalltägliche Wirklichkeit erfahren.

Felicitas Goodman, in Ungarn geborene Anthropologin, die im vergangenen Jahr 91jährig starb, entdeckte dass beim Einnehmen einer Körperhaltung analog zu Kunstwerken von frühen Völkern sehr spezifische Türen geöffnet werden zur Welt der Geister und zu unseren Erinnerungsdatenbanken, die in unserer DNA gespei-

chert sind. Die normale Praxis ist, die Haltung für 15 Minuten einzunehmen, während einem rhythmischen Beat zugehört wird.

Diese Kombination ändert nicht nur unsere Physiologie sondern verschiebt auch unsere Hirnwellen, und erlaubt so, uns unserer menschlichen Verbindung zur riesigen, sich endlos entfaltenden Gemeinschaft des Lebens auf der Erde zu erinnern und die Freundschaft mit dem Geistigen wieder zu beleben.

Für mich persönlich hat diese Methode mein Leben verändert. Ich habe Informationen bekommen über Mythen, die Gegenwart von Geistern und Bilder, die normalerweise nur von Mystikern, Ayahuasceros und Schamanen empfangen und weitergegeben werden. Die Haltungen erlauben mir, Wissenschaft zu erleben – vielleicht auf die Art und Weise wie unsere Vorfahren um Astronomie, Biologie und Chemie wussten – Wissenschaft, die für lange Zeit jenseits meiner intellektuellen Möglichkeiten lag, weil ich die Formeln und Technologien der heutigen Zeit nicht verstehe. Ich habe ein Gefühl dafür bekommen, Quantenphysik zu verstehen, Dank der Ekstatischen Körperhaltungen. Die Folge ist, dass die Haltungen in mir ein Gefühl von Ehrfurcht erwecken und paradoxerweise eine Art von Trost, weil sie mir mein Ich zeigen im endlosen Zyklus von Leben und Sterben, was das „Natürliche" in der Natur ist.

Besonders interessant für diejenigen von uns, die in der individualistischen Kultur des modernen westlichen Städters aufgewachsen sind, ist es, dass die Haltungen am besten wirken, wenn sie in einer Gruppe erlebt werden. Nur wenn wir uns nachher austauschen, bemerken wir das Ausmaß dessen, wie wir in ähnliche oder benachbarte Welten gereist sind. Das allein ist magisch, oft ist es jedoch auch so, dass die Gesamtbedeutung meines Erlebnisses nicht ganz klar wird, bevor ich die Geschichte von jemand *anders angehört habe. In anderen Worten, jeder einzelne Beitrag erweitert die Möglichkeiten für alle anderen...und gibt einen Einblick in die Kraft und Stärke von Gemeinschaft.*

Reisen mit einer Trancehaltung:
Eine kurze praktische Anweisung

Eine ausführliche Beschreibung der inneren und äußeren Voraussetzungen zum Trancereisen findet sich im Kapitel: „Mit Trancehaltungen arbeiten. Anleitungs-Bausteine für Reisende" (S. 153).

An dieser Stelle soll kurz das grundlegende kleine Ritual beschrieben werden:

Schritt 1: Um vom alltäglichen Geschehen abzuschalten, soll eine meditative Übung gemacht werden.

Felicitas Goodman ließ ihre Teilnehmer 50 Atemzüge machen. Bewusstes tiefes Einatmen, ebenfalls langsames und bewusstes Ausatmen.

Es ist möglich, andere Übungen zu nutzen. Der Fokus sollte darauf liegen, dass die Reisenden eine Phase des Übergangs vom alltäglichen Geschehen in den Raum des Rituellen – des Religiösen – durchlaufen.

Schritt 2: Alle Anwesenden werden durch Räuchern gereinigt. Dazu eignet sich Salbei, (weißer Wüstensalbei aus den USA hat den besonderen Geruch, den viele Trancereisende lieben).

Beifuss aus heimischen Beständen (gesammelt und getrocknet) erfüllt gleicherweise den rituellen Reinigungsakt des Räucherns.

Schritt 3: Es wird in alle vier kardinalen Himmelsrichtungen zum Himmel, zur Erde und zur mittleren Welt eine Anrufung ausgesprochen, dazu gerasselt (viermal in jede Richtung) und am Ende der Anrufung sagt die Person, die das Ritual anleitet „Wir laden euch ein, unsere Gäste zu sein", womit die speziellen Geister, Energien, Wesenheiten des Trancehaltungssystems gemeint sind.

Schritt 4: Es wird nun von allen Teilnehmern die zuvor einstudierte Haltung eingenommen.

Schritt 5: Die Leitung rasselt oder trommelt 15 Minuten lang einen gleichmäßigen Beat.

Schritt 6: In einer Ruhe- und Übergangsphase wird zuerst die Haltung aufgelöst, dann ruhen die Teilnehmer aus.

Schritt 7: Es wird Zeit und Raum gelassen, dass alle ihre in Trance gemachten Erfahrungen aufschreiben können.

Schritt 8: Die Geistwesen werden zu einem Ausgang des Raumes gebracht durch Streuen einer Spur aus Mehl. Dort werden sie verabschiedet. Dann ist das Ritual beendet.

Schritt 9: Die Teilnehmer tauschen im Gespräch aus, was sie erlebt haben.

Welche der Haltungen für welchen Zweck?

Das Raster, das hier Anfängern eine Auswahl der Haltungen erleichtern soll, sollte idealerweise von jedem Trancereisenden in Eigenarbeit erweitert werden.

Sicherlich führen die einzelnen Haltungen in unterschiedliche Räume der anderen Wirklichkeit. Die Wirksamkeit der unterschiedlichen Haltungen für unterschiedliche Menschen scheint jedoch solch breitgestreute Unterschiede zu beinhalten, dass nicht wie auf Rezept verordnet, eine wiederholbare Einteilung der Erfahrungsräume möglich ist.

Mit dieser Einschränkung im Gepäck, hier eine Auflistung der acht in diesem Buch mit eigenem Kapitel beschriebenen Haltungen und der möglichen Räume, in die sie führen, von ihrem Wirkspektrum her betrachtet. Außerdem sind die Möglichkeiten in Wahrheit wesentlich vielfältiger als in einem kurzen Raster einzufangen wäre.

Die *Bärenhaltung* ist die bekannteste Heilhaltung. Dabei ist Heilung immer als eine Ganzheit von vielen Faktoren geistig, psychisch und körperlicher Art zu verstehen.

Die *Lady von Cholula* ist eine anerkannte Wahrsagehaltung. Wahrsagen in diesem Zusammenhang gemeint als: „Etwas Wahres sagen". Nicht gemeint ist hier ein Wahrsagen allein auf zukünftige Ereignisse bezogen.

Der *Singende Schamane* führt zu tiefer Verbundenheit der Menschen, besonders wenn er in einer Gruppe praktiziert wird. Verbundenheit zur Welt, zu allem Lebendigen wird erlebt.

Die *Mohnfrau von Gazi* kann in Räume von Leichtigkeit und spielerischem Dasein leiten. Verbindung zur „Erdmutter".

Die *Haltung von Lasceaux* ermöglich häufig die Erfahrung, fliegen zu können. Die Darstellung des liegenden Schamanen mit einer Vogelmaske ist ein deutlicher Hinweis für diesen Erlebnisschwerpunkt.

Die *Reise in die Unterwelt* ist die Haltung, die uns mit Krafttieren und unterstützenden Wesen in Kontakt bringen kann. Auch Ahnen können hier angetroffen werden. Das können Ahnen aus unserer Verwandtschaftslinie sein, es kann sich auch um spirituelle Ahnenwesen handeln.

Die *Geburtshaltung* wurde in indigenen Kulturen zur Unterstützung von Geburten eingesetzt. Sie kann alle Arten von Neu-Anfängen positiv bereichern.

Der *Seelenführer* wurde praktiziert in indigenen Kulturen zur Begleitung der Seele eines verstorbenen Menschen in die Andere Welt. Diese Möglichkeit bietet er uns auch heute.

Die Menschen in diesem Buch
und ihre Geschichte(n)

Die Menschen, über die in diesem Buch berichtet wird, sind einerseits erfunden, andererseits aber in gewisser Weise auch wirklich. Die Tranceberichte sind zusammengestellt wie ein Puzzle, das aus Geschichten real existierender Menschen besteht. Zum Schutz von Identitäten sind zudem alle Namen verändert. Falls Geschichten, so wie sie wirklich geschehen sind oder in Trance erlebt wurden, wiedergegeben werden, hat die Autorin die Zustimmung der Betroffenen erhalten, das Material zu veröffentlichen.

Authentische Berichte, die nicht geändert wurden, sind mit dem Vornamen des Verfassers/der Verfasserin unterschrieben.

Die Menschen, die hier vorgestellt werden, haben an Gruppen teilgenommen, in denen über eine längere Zeit kontinuierlich mit den Trancehaltungen gearbeitet wurde. Ich stelle sie und ihre Geschichte im folgenden in der Reihenfolge ihres Erscheinens in diesem Buch kurz vor:

Peter, 32, Künstler, zur Zeit in einer Schaffenskrise, somit auch in einer finanziellen Krise.

Peter malt und hat grafische Gestaltung studiert. Er hat in der Werbebranche sehr gut verdient. Es ist ihm ganz rätselhaft, was zur Zeit mit ihm geschieht. Peter kann nur sehr schlecht schlafen. Die Trancearbeit hilft ihm, ein altes Trauma zu verarbeiten und eine wunderbare Vision zu haben.

Hanna, 33, Sängerin, hat, durch Missbrauchserfahrungen aus der Kindheit traumatisiert, eine Blockade zu singen entwickelt. Über einen langen Weg der Arbeit mit den Trancehaltungen kann sie die Blockade und vieles andere heilen.

Hanna ist durch die Arbeit mit den Haltungen zum ersten Mal sich selber richtig nah gekommen. Viele neue Impulse erwachsen aus dieser Saat. Es ist wunderbar zu sehen und vor allen Dingen zu hören wie sie singt.

Inge, 46, Hausfrau, vor 8 Monaten geschieden, ein erwachsener Sohn (21), der in einer Stadt weit weg von Inges Heimat lebt und studiert.

Inges Problem: seit der Scheidung, mit der Inge eigentlich einverstanden war, hat Inge Angstzustände entwickelt. Sie ist sehr unsicher mit ihrer Lebensgestaltung, weiß noch immer nicht, für welchen beruflichen Weg sie sich entscheiden soll. Die Auseinandersetzungen mit ihrem geschiedenen Mann waren kraftraubend und unproduktiv, sie haben Inge aber auf einer bestimmten Ebene „in der Welt" gehalten. Seit sie nicht mehr mit ihrem Partner täglich Streitereien zu bestehen hat, fühlt sie sich kraftlos, energielos. Sie hat an manchen Tagen Mühe überhaupt aufzustehen. Parallel dazu hat sie einige Kilo zugenommen, was ihr große Selbstwertprobleme bereitet. Außerdem ist sie sehr traurig darüber, dass die meisten alten Freunde sich nach der Scheidung lieber mit ihrem geschiedenen Mann treffen. Zwei Freundinnen gibt es, die Inge sehr lange kennt. Sie genießt es aber nicht, mit ihnen zusammen zu sein: „Die geben mir ständig Ratschläge, wo und wie ich einen neuen Partner finden kann". Danach fühlt Inge sich aber überhaupt nicht. Es fehlt ihr zwar manchmal jemand zum Kuscheln, sie hat aber ansonsten den Eindruck, dass sie zuerst etwas für sich selbst tun möchte, aufräumen möchte, „irgendwie Sinn in ihr Leben bringen möchte", bevor sie bereit und fähig ist, eine neue Partnerschaft zu wagen. Diese Gedanken sind zum Teil Ergebnisse aus einer Gesprächstherapie, die Inge seit einem Jahr macht. Mit dieser Therapie ist Inge allerdings in den letzten Wochen auch nicht so glücklich. Sie glaubt, dass die Gespräche sich im Kreise drehen, nicht mehr so viel bringen. Inge bleibt über mehrere Jahre in der Trancearbeit. Sie stabilisiert sich zunehmend, findet allerlei Interessantes für sich zu tun, beginnt auch in einem Second Hand Laden zu arbeiten und hat sich, als dieses Buch geschrieben wird, gerade neu verliebt.

Kira, 29, junge Mutter von Zwillingen, vorher Sekretärin, ist mit ihren Zwillingen sehr gefordert, da ihr Ehemann meist nicht zu Hause sein kann. Will später unbedingt weitere Ausbildungen machen, da sie ihre Tätigkeit als Sekretärin nicht immer weiter ausüben möchte. Kira träumt davon, später wenn ihre Zwillinge aus dem Gröbsten heraus sind, ein Zentrum für alternative Heilmethoden zu gründen.

Tina, 38, Allroundtalent, Lebenskünstlerin. Tina hat in ihrem Leben schon viele verschiedene Jobs gemacht. Sie ist auch schon weit in der Welt herumgekommen, hat in Neuseeland gearbeitet, in einem Aschram in Indien gelebt, hat in einem Sozialprojekt in Afrika fast ein Jahr lang Menschen gepflegt, die mit Aids infiziert sind. Süd- und Nordamerika fehlen noch auf ihrer Welterkundungskarte, und so ist sie ganz begeistert darüber, dass es in Neu-Mexiko das USA-Institut von Felicitas Goodman gibt, heute von deren „Erben" verwaltet. Tina plant schon eifrig und spart für das recht teure Flugticket dorthin.

Tina hat vor noch nicht sehr langer Zeit ihren Eltern mitgeteilt, dass sie lesbisch ist und immer Frauen als Partnerinnen haben wird. Daraufhin haben beide Eltern den Kontakt zu ihr abgebrochen. Diese Tatsache schmerzt Tina mehr als sie sich hätte vorstellen können.

Um mit dem Schmerz auf gute Weise umgehen zu lernen, hat Tina mit der Trancearbeit begonnen. Tina erlebt in den Trancen tiefe Heilung. Daraufhin beschließt sie, sich in der Methode ausbilden zu lassen.

Christian begegnet uns in den Geschichten nur einmal. Er ist ein Mann, der nach langen Jahren des „normalen Lebens" durch seine Geschichte im Alter von 40 Jahren auf Heilarbeit, wie z. B. mit Trancehaltungen möglich, aufmerksam wurde.

Paul, 52, Theologe, zur Zeit auf der Suche, da sein Arbeitsplatz bei einem christlichen Trägerverein den Sozialkürzungen zum Opfer gefallen ist. Paul ist nicht unter finanziellem Druck, für ihn ist es wichtig, dass seine Arbeit sinnvoll ist, so wie er Sinn versteht. Da er in seinem letzten Job mit den Arbeitsbedingungen sehr unglücklich war, über den großen Verwaltungsaufwand und die ständig knappen Mittel, will er sich Zeit lassen, so lang er braucht, etwas Neues für sich zu finden. Auf die Trancearbeit ist er aufmerksam geworden durch eine Schweizer Kollegin, die er auf einem Kongress über Traumatherapie traf.

Paul wird vermutlich bald für seinen alten Arbeitgeber ein Jahr lang einen Auslandsauftrag übernehmen. Er hat fest vor, unabhängig von Ort und Arbeitseinsätzen, regelmäßig Trancehaltungen zu machen.

Usch, 37, Krankenschwester, fühlt sich in ihrem einstigen Traumberuf völlig frustriert. Sie wollte Menschen helfen, hat aber in der Klinik, in der sie arbeitet das Gefühl, wie eine Maschine funktionieren zu müssen. Menschliche Zuwendung, die sie den Patienten gerne geben möchte, ist wegen des ständigen Zeitdrucks nahezu unmöglich. Usch hat Angebote von anderen Kliniken bisher nicht angenommen, da sie sich an ihrem Wohnort und in der umliegenden Gegend sehr heimisch fühlt.

Sie hat sich nach Gruppenarbeit umgesehen, weil eine Beziehung, die 7 Jahre dauerte kürzlich zerbrochen ist. Usch wünscht sich ein Kind. Ihre bisherigen Partner waren aber jeweils dagegen. Wir erfahren in diesem Buch, wie sich einiges im Leben von Usch zum Guten wendet.

Gabi, 51, Lehrerin, ist seit mehr als 15 Jahren mit Trancereisen vertraut, hat die Methode von Felicitas Goodman gelernt, war zweimal in Cuyamungue in Neu-Mexico, wo sie am liebsten gleich geblieben wäre. Die schwierigen Einwanderungsbedingungen in die USA und die Tatsache, dass Gabi ihrer Enkeltochter nah sein möchte, haben Auswanderungspläne nicht völlig aus Gabis Träumen vertrieben aber zunächst einmal gestoppt.

Gabi ist sehr vertraut mit vielen Haltungen, gibt auch selbst Seminare, in denen sie die Trancehaltungstechnik lehrt, ist hauptberuflich weiterhin Lehrerin für Mathematik und Erdkunde am Gymnasium ihrer Kleinstadt.

Klaus hat sich zunächst mal etwas erschreckt als er merken musste, dass man mit den Kräften dieser Trancehaltungswelt mit Integrität umzugehen hat. Er hat aus dieser Erfahrung gelernt und beschlossen, ein Jahr lang kontinuierlich mit den Haltungen in der Gruppe zu arbeiten. Er ist überzeugt, damit einiges aus seinem Leben aufarbeiten zu können, damit er dann kraftvoll seinen Alltag bewältigen kann.

Alina, Tochter von Gabi, kommt auch in den Erzählungen nur einmal vor. Sie hat ihr Partnerschaftsproblem mit Hilfe von Seelenrückholung lösen können.

Die Bärenhaltung

Der Bär mit den feurigen Augen:
Heilung und Trancearbeit

BESCHREIBUNG DER HALTUNG: Stehend, Füße parallel, ca. 15 cm auseinander, Knie leicht gebeugt, die Hände so zu einer Faust ballen, als ob sie in der Faust einen kleinen Gegenstand halten.

Die Knöchel der Zeigefinger berühren sich und bilden so ein nach unten offenes Dreieck. Sie werden so auf den Bauch gelegt, dass der Bauchnabel in der Mitte dieses Dreiecks liegt. Die Fäuste werden fest an den Körper gedrückt. Die Oberarme liegen an den Körper angelehnt. Es ist möglich, mehr oder weniger Spannung in die Oberarme zu geben. Dadurch kann man die Tiefe der Tranceerfahrung steuern.

Der Kopf liegt im Nacken, der Mund ist leicht geöffnet.

Für Menschen mit körperlichen Einschränkungen ist es möglich, die Haltung im Sitzen oder sogar im Liegen durchzuführen.

Nach der Trancereise sitzt die Gruppe im Kreis zusammen und alle erzählen, was sie erlebt haben.

Peters Geschichte:

Ich war zuerst von der Lautstärke der Rassel ganz betäubt. Am liebsten hätte ich mir die Ohren zugehalten, aber das ging ja nicht, weil ich sonst die Haltung aufgelöst hätte.

Dann nach einiger Zeit, als ich mich an die Lautstärke gewöhnt hatte, kribbelte es auf einmal an meinem ganzen Körper, am stärksten an der Stirn. Dann erschien ein riesiger Bär, von Bildern, die ich kenne, weiß ich, dass es wohl ein Grizzlybär war. Der Bär hat mich mit Augen wie aus Feuerbällen angesehen, dann hat er mich gepackt und in die Luft geworfen. Er fing mich mit dem

Sitzende Figur aus Alabaster.
Mittelneolithikum, Cagliari, Sizilien,
ca. 4500 v. Chr.

Maul wieder auf und schwupps hatte er mich verschluckt, das ging ganz schnell, hat erstaunlicherweise gar nicht weh getan und ich hatte auch gar keine Angst. Es war eigentlich sogar ganz gemüt-lich im Bauch des Bären. Ich habe nichts mehr gesehen. Es war ganz dunkel dort. Dann auf einmal hat sich aber etwas geändert. Ich sehe mich als kleinen Jungen. Ich bin an einem Strand. Es ist Abend, ich bin ganz allein. Ich renne, ich rufe, niemand ist da.

„Das ist erstaunlich", sagt Peter. „Das, was ich da in der Reise erlebt habe, ist ein Traum von mir, den ich immer wieder mal träume. Es ist ein Albtraum. Ich wache daraus auf und bin ganz starr vor Angst und kann erst nach einem beruhigenden Kamillentee wie-der einschlafen."

In der Trancereise passiert aber noch etwas, was Peter aus dem Traum nicht kennt.

Ich treffe eine riesige Möwe. Sie kann sprechen und sagt immer wieder: „Du kannst raus, du kannst raus". Sie sagt das ganz oft. Mein Gefühl zu der ganzen Szene ändert sich währenddessen. Ich werde ruhiger, es geht mir besser. Dann ändert sich noch mal al-les. Ich bin auf einmal wieder der Peter von jetzt, liege eingehüllt in eine Art orangefarbenes Licht. Dieses Licht umgibt mich wie eine wärmende kuschelige Decke. Es schützt mich und mir geht es so sehr gut. Kurz danach hat die Rassel aufgehört.

Zu dieser Reiseerfahrung von Peter ist zunächst einmal nichts hinzuzufügen. Die Grup-penleitung fordert Peter auf, darauf zu achten, ob er in nächster Zeit noch einmal den Traum vom Strand hat.

Einige Monate später berichtet Peter: Der Traum war nicht mehr vorgekommen. Pe-ter hat sich nach dieser Trancereise sehr wohl gefühlt. Er konnte wieder kreativ arbeiten, fühlte sich nicht mehr blockiert.

Außerdem hat er noch folgendes erlebt: An Weihnachten hat er seine Eltern besucht, dort hat er zufällig im Schrank ein altes Fotoalbum entdeckt und darin geblättert. Zu sei-nem großen Erstaunen fand er darin ein Foto, auf dem er den Strand aus seinem Traum wiederentdeckte.

*Die sog. Göttin von Lepenski Vir.
Sie vereint Merkmale von Fisch (Maul),
Vogel (Raubvogelfüße) und Mensch
(Brüste und Vulva).
Steinskulptur, Lepenski Vir, Tempel 44,
Altar, um 5000-6000 v. Chr.,
Höhe: 51 cm. (links)*

*Figuren – betend oder singend? –
auf dem Deckel einer Totenurne.
Guerrero-Michoacan, ev. Proto-
toltekisch, Höhe: 27 cm.*

Als er daraufhin seine Eltern befragte, erfuhr er folgende Geschichte: Peter ist wirklich als 6jähriger einmal für längere Zeit bis fast zum Einbruch der Dunkelheit an diesem Strand allein geblieben. Peters Schwester hatte sich beim Baden an einer Scherbe im Meer verletzt und wurde von den Eltern in eine Klinik gebracht. Peter, der nicht zu sehen war, als die Eltern in großer Eile mit der Schwester aufbrechen mussten, wurde erst kurz vor Einbruch der Dunkelheit, als die Eltern zurück waren, vom Strand abgeholt.

Peters Geschichte ist ein Beispiel dafür, wie traumatische Erfahrungen weitgehende Auswirkungen haben können, wenn sie nicht verstanden oder aufgearbeitet werden.

In Peters Fall hatte ihm sein Traum schon länger die Botschaft geschickt, dass es da etwas gäbe, was anzuschauen sei. Peter wusste aber nicht, dass es möglich ist, aus Träumen heilende Schritte zu entwickeln. Als Kind seiner Zeit war er nicht dazu erzogen worden, auf Träume zu achten oder gar mit ihnen zu arbeiten.

Offenbar war in Peters Fall die Zeit reif. In der Trancereise sind ihm die heilsamen Elemente geschickt worden und er konnte sogar später nachvollziehbar erfahren, wie es zu seiner Störung gekommen war.

Die Bärenhaltung, die Peter zu dieser Erfahrung verholfen hat, ist eine der am besten bekannten und häufig praktizierten Haltungen aus dem Trancehaltungssystem nach Felicitas Goodman. Natürlich erscheinen nicht bei allen Teilnehmenden so wie in Peters Geschichte dabei Bären, erstaunlicherweise geschieht dies jedoch recht häufig. Großvater Bär, der stammesgeschichtlich als Heiler bekannt ist, lässt es sich nicht nehmen, häufiger mal persönlich vorbeizuschauen.

Im Buch „Wo die Geister auf den Winden reiten" hat Felicitas Goodman eine Weltkarte aufgezeichnet, auf der zu sehen ist, an wie vielen Stellen rund um die Erde die Bärenhaltung in Form von Statuetten oder Zeichnungen gefunden wurde. Hier handelt es sich offenbar um eine Haltung, die große Bekanntheit in vielen unterschiedlichen Kulturen genoss.

Seit sie in den vergangenen 30 Jahren durch die Wiederentdeckung der Körperhaltungen als Möglichkeit zur ekstatischen Trance-Erfahrung erneut von westlich erzogenen Menschen genutzt wird, hat sie schon vielen Menschen in Seminaren und beim „Hausgebrauch" unendlich viel Heilung ermöglicht.

Die Bärenhaltung ist für den Körper nicht sehr anspruchsvoll. Menschen mit Problemen der Halswirbelsäule oder sehr starken Verspannungen im Nacken, haben u. U. Schwierigkeiten, den Kopf in der nach hinten gelegten Position zu halten.

Menschen, denen es nicht möglich ist, eine Viertelstunde zu stehen, können diese Haltung auch im Sitzen oder sogar liegend durchführen.

An dieser Stelle soll erklärt werden, wie in diesem Kontext der schamanischen Heilmethoden, mit der Begrifflichkeit Heilung und Gesundheit versus Krankheit umgegangen wird.

In der Kosmologie der Navajo, einem Indianerstamm, beheimatet im Südwesten der USA, findet sich der Begriff „Hozho". *Hozho* meint einen Zustand von Schönheit, Ordnung, Harmonie und Wohlfühlen/Gesundheit.

Hozho wird vom Menschen durch rituelles Geschehen in das Selbst des Menschen hineingeboren. Dann kann dieser Mensch durch den Gebrauch von Sprache diese Qualitäten von Schönheit, Ordnung und Balance in seinem Universum manifestieren und entfalten. (frei übersetzt aus „Holy Wind in Navajo Philosophie".)

Dieser Zustand einer Balance ist im westlichen Leben nahezu verlorengegangen. Krankheit wird hier als zu beseitigendes Symptom erlebt, nicht als ein Zustand in dem ein oder mehrere Teile im Leben eines Menschen aus der kosmischen Balance herausgefallen sind.

Solange wir aber nur versuchen, Symptome zu kurieren, das Große Ganze nicht beachten, werden wir schwerlich eine wahre Balance herstellen oder wiederfinden können.

Darum aber geht es im schamanischen Heilen, und so ist dieser Ansatz der Heilung ein umfassender. Ein Mensch kann lernen, die Bereiche seines Lebens in Harmonie zu bringen.

Auch der menschliche Körper kann so als ein Ganzes betrachtet werden, der gesund ist, wenn die einzelnen Teile in Harmonie für das Ganze, den ganzen Menschen, arbeiten.

Beim schamanischen Heilen werden häufig Elemente wie z. B. das Verschluckt werden, das Peter in seiner Reise erlebtev vorkommen. Ein Mensch wird transformiert durch symbolisches Gefressen werden. Ein Mensch wird auseinander genommen und neu zusammengesetzt. Es werden in Trancereisen symbolische Tränke oder Arzneien verabreicht.

Für einen westlichen Mediziner vielleicht ein schwer akzeptabler „Hokuspokus", allein wir kennen das Sprichwort „Wer heilt, hat recht".

Dank der Forschungsarbeit von Felicitas Goodman sind wir heute ein wenig genauer informiert darüber, was denn eigentlich wirklich im menschlichen Körper während einer visionären Trancereise geschieht.

Unter Laborbedingungen wurden während einer Trancehaltung Messungen an Menschen vorgenommen. Die Ergebnisse waren erstaunlich: Der Blutdruck der Probanden sank. Die Pulsfrequenz stieg stark an, eine Kombination, die sonst aus medizinischer Sicht nur in lebensbedrohlichen Situationen vorkommt. Die Blutwerte veränderten sich, Stresshormone wurden abgebaut und die Ausschüttung von Beta-Endorphinen, den körpereigenen Opiaten, wurde vermehrt festgestellt. Dies erklärt, wieso nach Beendigung der Trancehaltung die Menschen in einen veränderten positiven Zustand versetzt erscheinen. Es hat sich auf neurophysiologischer Ebene wirklich etwas verändert. Goodman selber sagte dazu: „Trance ist gesund". Sie ging sogar noch weiter in ihrer Interpretation des Geschehens: Der moderne Mensch leide an einer Trance-Deprivation, sozusagen an einem Trance-Mangel. Etwas, das früher zum religiösen Erleben der menschlichen Gemeinschaften selbstverständlich dazugehörte, nämlich das gemeinsame in Trance gehen, ist den Menschen im Laufe ihrer geschichtlichen Entwicklung abhanden gekommen und fehlt ihnen jetzt. Hier wird gerade von westlichen Menschen geredet, indigene Völker haben sich in vielen Fällen ihr rituelles Erleben, gepaart mit Zuständen religiöser Trance, bewahrt. Sie wissen und wussten immer um die Notwendigkeit dieser Erfahrung für alle Menschen.

Natürlich verlaufen nicht alle Heilungsgeschichten im Trancebereich so geradlinig und verstehbar und dazu auch noch in nur einer Trancereise wie die hier über Peter geschilderte.

Einfache, reduzierte Menschendarstellung.
Mezcala-Tal, Guerrero, Mexiko,
500 v. Chr. - 250 n. Chr., Höhe: 17 cm.

Roh geformte Figur.
Bahía de Caráquez, Ekuador,
250 v. Chr. - 250 n. Chr., Höhe: 6,4 cm.

Es soll deswegen hier eine weitere Geschichte aufgeschrieben werden.

Hanna besuchte Tranceseminare von1996 bis 2003. Sie ist neben den Jobs, die sie für ihren Lebensunterhalt macht, Künstlerin und singt und schreibt ihre Lieder selber.

Als Hanna mit der Trancearbeit beginnt, ist ihre Fähigkeit, auf der Bühne zu stehen und die Menschen mit ihren Songs zu erfreuen seit einiger Zeit komplett blockiert. Sie sagt zwar über sich: „Ich bin Sängerin", es ist aber etwas schwierig, ihr das zu glauben.

In einem Seminar wird Hanna aufgefordert „auf der Bühne zu stehen" und zu singen. Sie hat die liebevolle Unterstützung der Seminarleitung und aller Seminarteilnehmer — es geht nicht. Auftreten ist für sie zu dieser Zeit in keiner Weise möglich.

Sie ist „klein" in den Trancen, sitzt im Kettcar, wütend, aggressiv, trotzig, dieser Teil spaltet sich ab von der Erwachsenen.

In einer weiteren Trance am selben Wochenende sieht sie, wie sie mit vielen Frauen um einen Mittelpunkt herum tanzt, sie fühlt sich zugehörig, ist ein Teil von Weiblichkeit, Gemeinschaft. Die Frauen, mit denen sie sich auf einer Bühne sieht, „singen, jazzen, tanzen", fast als ob sie in eine Zukunft schaut, das Trotzkind ist auch dabei. „Ich bin frei, ich kann tun was ich will".

Hanna besucht viele Tranceseminare und arbeitet auch in Einzelstunden an der Verarbeitung ihrer Erfahrungen.

Es wird deutlich, dass in ihrer Kindheit ihr Großvater missbräuchliche Spiele mit ihr spielte. Auch ihr Vater hat Übergriffe gemacht, die das kleine Mädchen nicht verstehen konnte.

Teile der Erinnerungen an die Kindheitsszenen erhält Hanna in Trancereisen. Es sind oft nur Bruchstücke. Scheinbar wird ihr immer gerade so viel gezeigt wie sie auch in der Lage ist, das ganze zu verarbeiten. Oft muss sie ganz tapfer sein, um diese innere Arbeit weiterzuführen.

Mit der Zeit wird alles etwas leichter für sie. Das Trotzkind lernt, sich angenommen zu fühlen, es kann die trotzige Haltung immer mehr aufgeben.

Irgendwann dann erscheint Hanna und erzählt: „Ich habe letzte Woche 3 neue Songs geschrieben". Ihre Augen strahlen, es ist klar, dass ganz viel geschehen ist. Hanna bekommt noch einmal die Aufforderung in der Gruppe „auf der Bühne zu stehen".

Die Gruppe erlebt einen würdigen Auftritt einer strahlenden Sängerin. Alle bekommen es mit: Da hat sich ganz viel bewegt. Heilung auf tiefen Ebenen war möglich.

Hanna hat in den Jahren danach immer viel zu tun, das Erreichte auch zu halten. Oft fühlt sie sich phasenweise schwach, zweifelt. Der Grundstein ist jedoch so fest gelegt, dass es in ihrem Leben stabil weiter bergauf geht.

Meistens finden wir in den Zusammenfassungen der Tranceerfahrungen eine Ansammlung vielfältiger verschiedener Elemente. Bitte erwarten Sie nicht auf Anhieb in Ihrer ersten Trancereise vollständige Geschichten, die möglichst auch noch als klare Antwort auf ein Lebensproblem zu verstehen sind. So etwas kommt vor, wie hier schon geschildert, ist aber eher nicht die Regel.

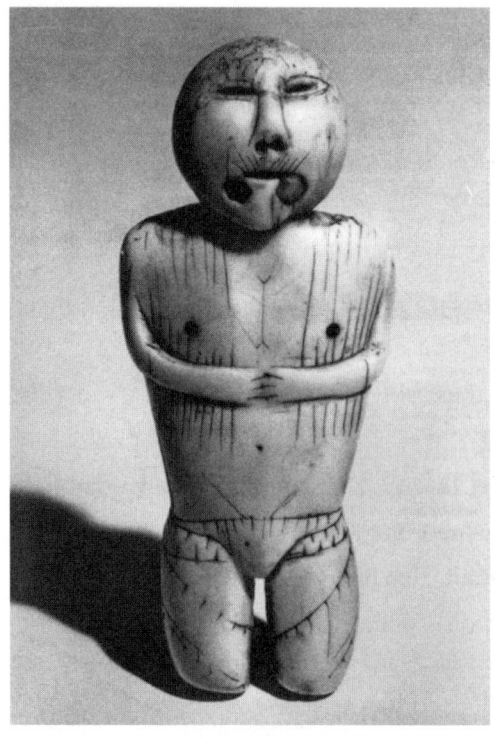

Walrosszahn, ursprünglich mit eingelegten Glasperlen verziert, Inuit, Banks Island, Northwest Territory, Kanada, 1800-1850 n. Chr.

Um einen Eindruck zu geben, hier die Geschichten mehrerer TeilnehmerInnen, mitgeschrieben während eines Wochenendseminars zur Heilung durch Körperbemalung. Hier wurde als erstes die Bärenhaltung eingenommen, um zu fragen, wo Heilung benötigt wird.

Die erste Teilnehmerin:

> *Das Muster der Bemalung ist der Eintritt für die Heilenergie. Eine lila Blume flog in mich, ich spüre große Hitze im ganzen Körper. Mein Wurzelchakra öffnet sich. Dann verschlingt mich der Bär und spuckt mich als rot-gelbes Licht wieder aus.*

Die zweite Teilnehmerin:

> *Es ist dunkel, hell, wieder dunkel. Mein Kopf ist auf einmal weg und die Schultern entspannen sich. Ich sehe einen geraden Weg im Feld. Eine Stimme sagt: Lauf! Lauf! Schwimme!*

Die dritte Teilnehmerin:

> *Bin im Walfischmaul. Treffe auf Wolf, Delfin und Löwe. Von oben kommt goldgelbes Licht. Polly Pocket schlüpft aus einem Ball, der am Boden zerbricht.*

Der vierte Teilnehmer spürte während dieser Trance einen großen Segen im Raum und die Anwesenheit eines ihm bekannten buddhistischen Lehrers.

Die fünfte Teilnehmerin (mit wenig Tranceerfahrung) hatte keine Bilder aber ein wohliges Gefühl, dass es ihr besser gehe als zuvor.

Das gold-gelbe bzw. rot-gelbe Licht findet sich bei zwei Teilnehmerinnen. Es kommt ganz häufig vor, das während einer Trance mehrere Teilnehmer einer Gruppe ähnliche oder sogar gleiche Erfahrungen haben.

Dafür haben wir natürlich keine wissenschaftliche Erklärung, aber es scheint so etwas wie energetische Felder zu geben, die bewirken, dass Teilnehmer im gleichen Raum, zur selben Zeit gleiche oder ähnliche Erfahrungen machen können.

Die Lady von Cholula

Eine alte Dame mit Hut: Die Lady von Cholula spricht die Wahrheit

BESCHREIBUNG DER HALTUNG: Wir brauchen für diese Haltung eine Sitzgelegenheit, einen Stuhl einen Hocker o. ä. Wichtig ist, dass die Knie in etwa einen rechten Winkel zum Unterschenkel bilden, wenn der Reisende in der Haltung sitzt.

Menschen mit langen Beinen können erfinderisch mit Kissen experimentieren, oder aus Kisten etwas passendes bauen.

Auf diesem Sitz sitzen, ohne sich anzulehnen. Die Füße stehen etwas hüftbreit voneinander entfernt. Der rechte Arm liegt so am Körper, dass die rechte Hand mit geschlossenen Fingern auf dem rechten Oberschenkel aufliegt. Die Finger weisen nach vorn zum Knie.

Die linke Hand umfasst mit geschlossenen Fingern seitlich das linke Knie. Es entsteht so Spannung im linken Arm. Es entsteht auch eine leichte Drehung nach links, der Rücken wird ansonsten möglichst gerade gehalten. Die Zunge steckt deutlich sichtbar zwischen den Zähnen.

Die *Lady von Cholula* trägt in der Originalabbildung einen spitzen Hut. Wenn während der Trancehaltung ein solcher Hut aufgesetzt wird, kann das u. U. die Erfahrung vertiefen.

Die Lady, die vielen Menschen schon während dieser Trancehaltung begegnet ist, ist eine ältere Dame, oft arbeitet sie in ihrem Gärtchen. Der spitze Hut verhilft dazu, die Energie während der Reise zu fokussieren, wenn Teilnehmer ihn aufsetzen. Für die Lady scheint er so etwas wie ein Erkennungszeichen zu sein.

Inge hat in einer ersten Trance, die sie an einem Einführungsabend erlebte, hauptsächlich Empfindungen von großer Hitze gefühlt. Sie selber war der Meinung „Bei mir funktioniert das ja doch nicht".

Seitenaufnahme der Lady von Cholula.

Da die Seminarleitung ihr ausdrücklich empfohlen hat, weitere Tranceerfahrungen zu machen, ist sie jetzt zum Trancetag dabei, strahlt Skepsis aus und eine gewisse Unwilligkeit.

Einen spitzen Hut will sie auch nicht tragen, das ist ihr zu „kindisch".

Alle Teilnehmer tragen einen Stuhl in den Seminarraum und die Haltung wird noch einmal ausführlich erklärt.

Auch beim Einnehmen der Haltung hat Inge ein Problem. Sie findet, dass es blöd aussieht, die Zunge zwischen die Zähne zu legen. Schließlich willigt sie dann doch ein, weil sie versteht, dass ja alle in dieser Position sitzen werden und niemand Zeit hat, die anderen anzuschauen. Es wird auch noch einmal für alle in der Gruppe deutlich, dass es für das Gelingen der Trance absolut wichtig ist, genau in allen Einzelheiten die Vorbilder der Haltungen mit dem Körper zu kopieren.

Nach der Haltung, nachdem alle Zeit hatten, das Erlebte nachschwingen zu lassen und ihre Geschichten aufgeschrieben haben, wird erzählt.

Als der Redestab zu Inge gelangt, bemerken alle, dass sie einen etwas entrückten Eindruck macht. Ihre Ausstrahlung hat sich während der Reise völlig verändert.

Nach allerlei Räuspern und ein wenig Mühe, Worte zu finden, erfährt die Gruppe folgende Geschichte:

Inge war sehr erstaunt, gleich zu Beginn der Trance einen großen Zylinder auf einem Tisch zu sehen. Und dann springt auch noch ein rosa Kaninchen aus diesem Zylinder, dann noch eins und noch eines. Inge hat das so gesehen und im gleichen Moment mit ihrem wachen beobachtenden Anteil gedacht: „So ein Blödsinn", und im gleichen Moment war nichts mehr zu sehen, selbst der Tisch, auf dem der Zylinder gestanden hatte, war weg.

Das hat Inge dann nun doch nicht so gut gefallen. Sie war zwar skeptisch mit den Kaninchen aber sie fand sie eigentlich auch ganz süß. Sie hat sich etwas geärgert, dann hat sie begonnen, das ganze langweilig zu finden. „Und dann", sagt sie, „war ich wohl von dem Rasseln ein bisschen weggetreten, da habe ich gespürt wie mich jemand an der Schulter rüttelt", und da steht vor ihr eine alte Dame, die einen spitzen Hut in der Hand hält, den sie mit einer darreichenden Geste Inge anbietet. Inge ist so verblüfft, dass sie den Hut einfach nimmt, ihre normalen Kontrollmechanismen sind überlistet. Sie sieht nun quasi von außen sich selber in dem Bild und sie sieht, wie sie den Hut rasch aufsetzt und ab dann gerät ihre Reise zu einer wahren Märchenfahrt.

„Es war als ob ich mit Aufsetzen des Hutes den Turbogang eingelegt hätte", erzählt sie. „Ich konnte fliegen, ziemlich schnell sogar, wohin ich auch wollte. Ich brauchte mir das Ziel nur vorzustellen, schon war ich da. Und dann hat auf einmal eine Stimme sehr laut gesagt: ‚Zauberhüte brauchen auch Vertrauen.'" Zuerst war Inge erschreckt, aber dann hat sie gewusst, dass sie die Botschaft verstanden hat. In ihrem Fall hat das Trancereisen ganz viel zu tun mit der Frage, ob sie sich dem Prozess überlassen will, ob sie Vertrauen aufbringt, in sich selbst, in die Situation, in den Fluss des Lebens.

Diese Reise war für Inge so etwas wie eine Initiation. Inge hat noch viele Trancereisen unternommen, nicht alle waren so spektakulär wie diese eine, aber Inge hat begonnen, „Vertrauen" in den Prozess zu lernen.

Es ist für die Reise der *Lady von Cholula* typisch, mit liebevollem Humor den Menschen Lektionen zu gewähren. In anderen Haltungen kann es vorkommen, dass Zweifler auch etwas härter behandelt werden.

Wie auch immer unsere Einschätzung des Geschehens in den Trancen ist, es sei jedem wärmstens empfohlen, den Wesen der anderen Welten mit Respekt zu begegnen.

Eine etwas längere und eindrucksvolle Geschichte über die Fähigkeiten der Lady ist die von Kira.

Eine Gruppe von 4 Frauen und einem Mann trifft sich über einen kontinuierlichen Zeitraum um gemeinsam den „Schatz der Trancehaltungen" auszukosten.

Kira erscheint zum zweiten Treffen und macht einen äußerst gestressten Eindruck. Sie hat wenige Monate zuvor mit ihrer Familie eine neu erstandene Eigentumswohnung bezogen. Nun ist es draußen kalt geworden und die Heizungen werden angestellt. Kira hat zuerst gar nicht gewusst, was los ist. Der kontinuierlich ihre neue Wohnung durchflutende Brummton, der sich ungeahnt auch in einen scheppernden Rappelton verwandeln kann, hat ihr anfänglich keine Sorgen gemacht. Sie nahm an, dass irgendwo im Haus Handwerkerarbeiten durchgeführt werden. „So ein altes Gemäuer braucht vermutlich allerlei Erneuerungsmaßnahmen", denkt sie, aber in der nächsten Nacht wacht sie auf und spürt Herzklopfen und einen noch nicht verstandenen Schrecken. Nicht nur ist ein lautes Gerappel zu vernehmen, zusätzlich hat sich ein penetranter Heulton eingestellt. Sie ist aus dem Bett getappt, hat sich überall umgehört und dann begreift sie mit erneutem Erschrecken: Diese Kaskade von Tönen und Lautstärken ergießt sich durch die Wand von Flur und Kinderzimmer in ihre neue Wohnung. Es sind auch keine Handwerkerarbeiten, die den Lärm verursachen, sondern die Heizanlage, die sich angrenzend an ihre Wohnung in dem Gebäude befindet, verursacht den Lärm.

Als sie dann am nächsten Tag unausgeschlafen mit den Recherchen beginnt, fällt sie von einer Verzweiflung in die nächste.

Von den Nachbarn erfährt sie: Die Heizanlage, die an ihre Wohnung angrenzt, versorgt nicht nur die Wohnungen in der alten Bauernhofanlage, in die sich Kira auf den ersten Blick verliebt hatte. Die Heizanlage versorgt auch noch alle Häuser, die um den alten Hof entstanden sind, mit Wärme, das heißt, sie ist wirklich groß und eine große Anzahl von Menschen hat Mitspracherechte, wenn es um Kosten Betrieb und technische Anschaffungen geht.

An diesem Tag erhält Kira zunächst in der Bärenhaltung Trost. Sie sieht in der Trancehaltung wie auf dem vorderen Hof vor ihrem Haus ein Kreis von Tieren versammelt steht. Der Wolf ist dabei, mehrere Hasen, ein Reh, eine Gazelle, eine Anzahl Hunde verschiedener Rassen und ein junger Bär. Die Tiere stehen alle auf zwei Beinen und halten sich an den Vorderläufen und Pfoten untergehakt und führen gemeinsam ein Tänzchen auf." Ich hatte das Gefühl", sagt Kira „dass sie mir damit zeigen wollten, dass das alles doch gar nicht so tragisch" ist und fühlt sich danach etwas besser, unsere Geschichte geht aber noch weiter.

4 Wochen später, zum nächsten Treffen, hat sich Kira zunächst abgemeldet, erscheint aber als die anderen gerade mit der Gruppe beginnen wollen und macht einen solch fertigen Eindruck, dass die Leitung Raum macht, damit Kira erstmal erzählen kann. Folgendes ist passiert:

Kira und ihre Familie hatten allerlei Recherchen angestellt. Die Heizanlage im Haus ist zwar alt, aber entspricht noch den offiziell zugelassenen Normen.

Es ist also quasi aussichtslos in der Gemeinschaft der Eigentümer zu beantragen, dass eine neue, leisere Anlage installiert wird. Der Schornsteinfeger, den Kira kontaktiert hat, meint, dass in einigen Jahren wahrscheinlich der Schadstoffausstoß der Anla-

Figur in Form einer Tonflöte.
Diese Frau zeigt außerdem Gesichts-
schmuck und Tätowierung.
Maya, Insel Jaina, Mexiko,
700-1200 n. Chr.

Achtung: Die oben stehende und die beiden folgenden Abbildungen der „Lady von
Cholula" zeigen nicht genau die in diesem Buch genutzte Haltung. Wer die Haltung
praktizieren möchte, richtet sich bitte nach den Fotos auf den Seiten 42 und 44.

ge zu hoch sein wird und dann etwas Neues gekauft werden muss. Bis dahin aber könne alles so bleiben.

So haben sich Kira und ihr Mann ein anderes Modell überlegt, was die Lärmbelastung in ihrer neuen Wohnung reduzieren könnte. Sie unterbreiten den Nachbarn, dass man eine Dämmung der Trennwände zur Anlage vornehmen könne und sie bitten darum, dass die Gemeinschaft mithilft bei der finanziellen Realisierung dieses Vorhabens.

„Immerhin haben bisher alle profitiert von der Wärme, und nur wir haben die Nachteile dieser Anlage zu verkraften", meint sie, so wäre es doch nur fair, wenn alle mithelfen, dass hier ein besserer Zustand hergestellt wird.

Dann ist etwas geschehen, was Kira so aus der Balance geworfen hat, dass sie beim darüber erzählen mehrfach in Tränen ausbricht:

Die Nachbarn haben ganz cool erklärt, man sollte jetzt mal abwarten, bis sich die Versammlung aller Eigentümer irgendwann im nächsten Frühjahr erneut zusammensetzt.

Bis dahin sei eben nichts zu machen.

Kira ist von Tränen geschüttelt: „Ich habe all diesen Menschen erzählt, dass wir bei diesem Heulton in der Wohnung nicht schlafen können", schluchzt sie, „stellt euch das mal vor, das war denen offenbar völlig egal".

Da ist guter Rat buchstäblich teuer. Die Gruppe kommt gemeinsam zu dem Schluss, dass Kira und ihre Familie wohl auf eigene Kosten die Wand zu der Anlage hin verstärken müssen.

So vergehen wieder mehrere Wochen und als sich die Gruppe wieder trifft, sieht Kira noch immer etwas verwuselt aus aber ihre Augen haben wieder ein Strahlen und von Verzweiflung ist auch nichts mehr zu spüren. Alle sind gespannt zu hören, wie dieser Wandel passiert ist.

Kira hat mit vielen Handwerksfirmen telefoniert und einige hat sie bestellt, um Kostenvoranschläge für den Umbau zu erbitten.

„Es war alles viel zu teuer", erzählt sie. Da wir ja alles allein finanzieren müssen, sind die 4000.- Euro Erspartes das Maximum, was wir ausgeben können.

Kira hat dann die Idee gehabt, doch noch einmal in der Anderen Wirklichkeit um Unterstützung zu bitten. Sie hat in der Trancehaltung die *Lady von Cholula* befragt, die ihr schon früher einmal gut geholfen hat. Sie hat sich dazu in das Zimmer gesetzt in der die

Sog. Pilzstein aus Guatemala, könnte auch auf einen narkotischen Kult hinweisen.
500-1250 n. Chr.

Heizanlage am lautesten zu hören war. „Zuerst konnte ich mich ganz allein nicht so gut darauf einlassen", beschreibt Kira der Gruppe ihre Erfahrung, „dann aber habe ich mich erinnert, dass wir die Arme möglichst angespannt an den Körper drücken sollten und da stand dann auf einmal die Lady höchstpersönlich vor mir. Sie trug wie immer diesen spitzen Hut, sah weise und gütig aus und hat mir bedeutet, dass ich nicht verzweifelt sein muss. Sie säte neue Samen in ihr Gärtchen und bat mich, ihr dabei zu helfen.

Und wie wir dann so ganz vertieft in diese Arbeit waren, tönte auf einmal aus dem Hintergrund ein Geräusch und dann erfuhr ich von einer sanft klingenden Stimme: Die Firma mit dem W fragen, die Firma mit dem W fragen, ganz oft noch hat sich dieser Satz wiederholt.

Es hatte den Anschein, dass auch die alte Dame mit Hut die Botschaft vernehmen konnte. Sie nickte ein paar Mal und schaute mich zufrieden und gütig an. Dann schenkte sie mir noch ein Vergissmeinnicht aus ihrem Gärtchen und damit wurde ich wieder in meine Welt entlassen."

Ganz einfach war es dann immer noch nicht. Kira hat sich in die gelben Seiten des Telefonbuches vertieft, fand jedoch keine einzige Firma, deren Name mit einem W beginnt.

Als sie fast dabei ist, den Rat der *Lady von Cholula* abzuhaken, fällt ihr Blick im Anzeigenteil einer Zeitung auf das Inserat „Wolf macht's möglich", später sagt sie, dass eigentlich ihr Blick hauptsächlich vom Wort „Wolf" angezogen war, weil der Wolf doch in einer der letzten Reisen in der Gruppe immer wieder als unterstützendes Tier erschienen ist. Plötzlich erkennt sie, dass die Firma Wolf offenbar eine Innenausbau-Firma ist, deren Name mit W beginnt. So hat sie nicht gezögert, sofort die angegebene Nummer gewählt, einen fachkundigen Menschen erreicht, der dann – oh Wunder – ein bezahlbares Angebot für eine schallgeschützte Wand gemacht hat.

Beim darauf folgenden Gruppentreffen ist Kira wieder ganz die alte. Ihre Wohnung hat eine neue Wand, alle können dort wieder schlafen und in nun wieder ausgeruhter Kondition, ist es für Kira auch einfacher geworden ihren neuen Nachbarn nachzusehen, dass sie so wenig Verständnis und Mitgefühl zeigen konnten.

Knieende Figur,
Modelung und Tracht
sind mexikanisch.
El Salvador,
750-1250 n. Chr.,
Höhe: 19 cm

Die Haltung, die als *Lady von Cholula* bekannt geworden ist, wurde von Felicitas Goodman in den Bereich der Wahrsagehaltungen eingegliedert. Wenngleich uns heute die genaue Einteilung der Haltungen in ausschließliche Kategorien nicht mehr haltbar erscheint, lässt sich doch über diese spezielle Haltung sagen, dass sie sehr gut dafür geeignet ist, sich mit Fragen des menschlichen Alltagslebens an eine höhere Instanz zu wenden. Viele Trancereisende berichten über die Erfahrung, dass ihnen wirklich eine ältere Dame mit spitzem Hut in der Trance erscheint. Im Gegensatz zu einigen anderen Wahrsagehelfern ist diese Dame mitfühlend, geduldig und von liebevoller Klarheit umgeben. Das Bild einer weisen, alten, rüstigen Großmutter beschreibt die Erfahrungen.

Auch Großmüttern sollte jedoch mit Respekt begegnet werden. Was unsere Trancegeister anscheinend gar nicht mögen, ist, überflüssigerweise in Anspruch genommen zu werden.

Die *Lady von Cholula* hat sich auch schon vernehmlich strenger als in unserer Geschichte zu Wort gemeldet, nachdem sie von beziehungsgeplagten Menschen immer wieder zum selben Thema befragt und in Anspruch genommen wurde.

Das erscheint eigentlich sehr verständlich. Niemand mag es, wenn Freunde uns immer die gleichen dramatischen Geschichten erzählen, wir geduldig zuhören, mit Rat und Tat versuchen Abhilfe zu schaffen und dann beim nächsten Treffen oder Telefongespräch erneut genau das gleiche Drama anzuhören, so als ob unser Engagement gar nicht stattgefunden hätte. Auch Geistwesen haben offenbar eine Toleranzgrenze.

Grundsätzlich ist es gut, zunächst einmal den gesunden Menschenverstand einzuschalten, wenn es um Probleme und deren Lösungen geht.

Das, was uns während einer Trancereise gesagt oder gezeigt wird, bildet dann das Zusatzelement, den bisher außer acht gelassenen Faktor X, vielleicht ein AHA-Erlebnis.

Vielleicht wird uns auch ein Perspektivwechsel ermöglicht. Wir bekommen die Chance, aus einer größeren Distanz auf unser Problem oder unser Fragengebiet zu schauen.

Und — manchmal brauchen wir ein bisschen Hilfe, um überhaupt zu verstehen, was unsere „guten Geister" eigentlich gemeint haben. Dabei können sie durchaus auch erfinderisch agieren, sich nahezu persönlich manifestieren, wenn wir Menschenwesen gar zu begriffsstutzig sind.

Anhang:

Die Haltung der *Lady von Cholula* wurde Anfang des Jahres 2008 von einer Gruppe über Internetzusammenschluss praktiziert, die sich dann per E-Mail darüber austauschte. Aus dieser Gruppe folgen hier vier authentische Erfahrungsberichte.

Die Fragestellung war: Was bringt uns das neue Jahr? Was ist meine Vision für 2008?

Andrea:

Meine Zunge bereitet mir große Ablenkung, ständig muss ich sie trocknen, fühle mich sehr unwohl mit der Haltung der Zunge, aber spüre auch, dass gerade dies heute sehr wichtig ist durchzustehen.

Nachdem ich längere Zeit im Meer getrieben bin, immer wieder überrollt von Wellen, wieder aufgetaucht und immer mit Blick knapp über der Wasseroberfläche, bin ich plötzlich in einem von Hecken gebildeten Labyrinth, gehe hinein, folge einem Weg, den ich dann wieder verliere, um in einen neuen Gang zu biegen, verirre mich und bleibe dabei sehr gelassen, sehe dann am Boden einen roten Faden, dem ich folge, und mit dem Folgen werde ich kleiner und kleiner, folge dem Faden durch die Hecken, gar nicht mehr über die Wege, sondern zwischen den Pflanzenteilen kreuz und quer hindurch, bis ich mit dem Faden in einem Loch in der Erde verschwinde. Dunkel, warm, ein Gang (?), eine Art Erdhöhle (?), irgendwo bin ich erdig gelandet, höre es kichern, ich selbst bin es plötzlich, die sich vor Kichern schüttelt, wie eine andere Person komme ich mir vor, in mir kichert die Erkenntnis, dass das Labyrinth nur eine Tarnung darstellt für das, was Wichtiges darunter verborgen liegt. Wie eine Stimme in mir: „Sucht ruhig alle oberhalb der Erdoberfläche, sucht und strengt Euch an, die Linien und Wege und Strukturen zu finden, sie sind ja so wichtig für Euch. Doch hier im Dunkeln liegt das Eigentliche, es hat keine Form, ist als Energie spürbar." Und ich sehe etwas wie Amethystkristalle.

„Ja, sieh Du nur diese Kristalle, Du bildest direkt wieder Formen, Strukturen, damit Du es einordnen kannst. Wenn Du Dich mit dem Nicht-Sichtbaren befassen würdest, könntest Du die eigentliche Energie wahrnehmen. Nicht greifbar, nicht katalogisierbar, nicht erklärbar. Was das Jahr 2008 bringt? Es ist das Jahr der sich auflösenden Strukturen, wir kommen jetzt zum Wesentlichen, zur Schwingung in der Achterschleife: Unendlich, verbindend und trennend zugleich. Deine Muster zu legen, bringt Dich zum nächsten Schritt: Der Auflösung. Die eigentlichen Verbindungen sind die energetischen Leitungen, sie bilden das wesentliche Muster, und dazu gehört zugleich das Nicht-Vorhandene als eigene Form. Das verstehst Du nicht, kannst Du nicht verstehen, hihihi“, es schüttelt wieder vor ausgelassenem Kichern, geradezu albern, wie betrunken, sie nimmt mich nicht ernst – und dann wieder streicht mir etwas tröstend über den Rücken. „Es geht sozusagen um ein energetisches Internet.“ Und mehrmals klingt mir der Name Bill Gates durch den Kopf. (Nun ja, über den stand was in der Zeitung, über seine Vision des digitalen Jahrzehnts und seinem auf der Consumer Electronics Show (CES) in Las Vegas vorgestellten Weltscanner.)

Kirsten:

Ich sehe eine Herde Wildpferde, die sehr schnell über eine Ebene galoppieren. Ich sitze auf einem der Pferde. Wir gelangen in eine mir fremde Stadt. Ich beobachte, wie sich die Pferde nach und nach einen Platz vor je einem Haus suchen, wo sie sich vor die Haustüren legen. Mein Pferd bringt mich zu einer Kirche. Dort legt es sich ebenfalls vor die Eingangstür. Ich betrete die Kirche und bin verwundert, dass dort lauter in schwarz gehüllte Menschen stehen. Sie summen alle einen lauten Ton. Von einem Mann bekomme ich ebenfalls eine schwarze Kopfbedeckung und einen schwarzen Umhang. Ich stelle mich in eine der Reihen und pro-

duziere nun ebenfalls einen Ton (auch in der „Realität" summe ich in der Haltung). Meine Wahrnehmung verändert sich und ich sehe einen Himmel und ein Mädchen vor mir. Ich weiß nicht, was es mit dem Ganzen auf sich hat, bekomme darauf die „Antwort", dies sei die Antwort auf meine Frage und ich solle weiter hinsehen. Irgendwann ebbt das Summen ab. Eine weiß gekleidete Frau kommt zu mir und nimmt mir die schwarze Kleidung ab. Zu den anderen Menschen in der Kirche kommt ebenfalls jeweils eine weißgekleidete Person und alle werden von der schwarzen Kleidung „befreit". Dann gehen wir alle nach draußen, wo ein sehr helles Licht vor uns erscheint, in das wir hineingehen. Es „saugt" mich auf und ich fliege durch einen Lichttunnel. Ich gerate in eine Art hellen Raum. Dort ist ein Wesen, das mir eine Art Lichtkranz aufsetzt. Ich bin jetzt selbst voller Licht und fliege durch den Lichttunnel zurück und weiter. Ich lande in meinem Heimatort, oberhalb der Stadt auf einem Feld. Dort werde ich, voller Licht, immer größer und größer, bis ich schließlich in die Luft steige und bäuchlings über der Stadt schwebe. Neben mir erscheinen weitere „Lichtwesen" und wir verbinden uns zu einem riesigen Netz, das die ganze Erdkugel umspannt. Unser Licht gelangt in alle Häuser. Irgendwann ist es „vorbei". Ich lande wieder auf dem Feld und finde mich dann kurz darauf in der Stadt bei meinem Pferd wieder. Ich steige auf – und alle Pferde (und Reiter) reiten wieder hinaus aus der Stadt. Irgendwann hält die Herde an und ich steige ab. Ich merke, dass es Zeit ist, zu gehen.

Susanne:

Ich fang einfach an: – ich konnte das morphische Feld in Form eines Fischernetzes visualisieren – betende Menschen (zunächst nur in meiner Umgebung) verbanden sich mit ihrer 3. und 4. imaginären Hand miteinander – später erstreckte sich das morphische Feld über die ganze Welt – danach sah ich mich bei einem India-

nerstamm- ich durfte an deren Meditation teilnehmen – Adler und
Wolf waren anwesend und beobachteten alles – vom Häuptling
bekam ich einen Stab geschenkt (ich weiß allerdings nicht, was er
zu bedeuten hatte) – dann legte mir der Häuptling in Form von
Rauch Weisheit, Glaube, Liebe und Verständnis in beide Hände,
damit ich ihn einatmen sollte und ihn über die ganze Welt hinaus
ausatmen und verbreiten konnte – zum Schluss fanden sich Menschen aller Nationalitäten auf dem „Festplatz" zusammen und
und nahmen ebenso an der Zeremonie teil.

Bettina:

Warme Farben von Rosa-Pink-Orange um meine Nasen-Kiefer-Ge-
gend herum, mehr im Hintergrund, unten links in meinem Bild
noch nicht zu definierendes Blau bis Grün.

Auf manche Fragen gab es keinerlei Hinweise, zu einzelnen Fa-
milienmitgliedern gab es Bilder.

So sah ich mich selbst Rapunzel suchend im saftig feuchten
Wald, auf dessen Boden türkisfarbene, rankenartige Wurzeln oder
Kräutern wuchsen, mein Kind wohlig zusammengerollt und mei-
nen Mann sowohl als afrikanischen Kämpfer mit Speer als auch in
einem gemeinsamen Bild, bei dem mein Kopf auf seiner Brust lie-
gend miteinander verschmolzen im gemeinsamen Herzrhythmus,
der dem Rasselrhythmus entsprang.

Der singende Schamane

Der Lauf der Welt:
Der singende Schamane

BESCHREIBUNG DER HALTUNG: Im Stehen, Füße parallel ca. 15 cm auseinander, mit den Knien leicht gebeugt, möglichst locker stehen. Die Hände einrollen, so als ob ein kleines Ei in jeder Handfläche gehalten würde. Die Hände auf die Brust legen, so, dass sich die Gelenke der kleinen Finger berühren. So wird mit den Händen ein nach oben offenes V gebildet. Die Hände liegen auf der Höhe der Thymusdrüse auf den Körper gedrückt auf.

Der Kopf ist leicht in den Nacken gelegt. Der Mund geöffnet, so dass ein Ton entstehen kann.

Zu Beginn der Haltung wird ein AhAhAhAh......intoniert. Dieser Ton kann sich dann ganz nach Belieben verändern. Es ist keine Kontrolle nötig, um den Ton gleichbleibend zu halten.

Die Haltung des *singenden Schamanen* ist eine besondere, weil wir hier nicht nur in einer Körperhaltung stehen, sondern auch einen Ton singen. Dieser Ton beginnt als laut intoniertes Ahhhhhhhhhhhh, darf sich dann wandeln in alle anderen Vokale und er darf laut oder eher leise gesungen werden. Durch den gemeinsam gesungenen Ton entsteht eine tiefe Verbindung zwischen den Menschen während der Haltung, wenn eine Gruppe gemeinsam auf diese Reise geht. Es scheint so zu sein, dass zusätzlich zur Haltung und ihrer Wirksamkeit ein weiteres gemeinsames Schwingungsfeld aufgebaut wird. Als ob sich der Ton wie ein Gefäß um die beteiligten Menschen legt, sie gemeinsam schützt, hält und auf Klangbahnen in andere Welten trägt.

Jedes mal, wenn eine Gruppe diese Haltung erlebt, scheint der gemeinsame Gesamtton wie ein einzigartiges Lied eben dieser beteiligten Menschen in die Weite der Schöpfung zu strahlen. Es mag ein harmonischer Klang sein, aber genauso kann ein Nicht-Gleichklang, das spezielle Schwingungsmuster einer Gruppe darstellen.

Manchmal entsteht ein Tongefüge, das anmutet wie ein sakraler Gesang in einer Kathedrale. Manchmal kommen auch die Tiere zu „Wort" indem sie ihre Töne durch die Kehlen der Menschen senden. Wolfsgeheul, Trompeten von Elefanten, jede Art von Vogelstimmen, der Vielfalt sind auch hier keine Grenzen gesetzt.

In diesem Schwingungsfeld eröffnen sich neue „Reisebahnen" für die teilnehmenden Menschen.

Im Frühsommer verbringt die Gruppe ein Wochenende in einem Tagungshaus. Nah gelegen gibt es ein Wäldchen. Dort versammeln sich alle, um eine Haltung im Freien zu erleben. Die Teilnehmer stehen während der Trancehaltung unter einer riesigen alten Eiche. Der Ton, den die Gruppe hervorbringt, fügt sich ein in die Geräusche der Natur. Als die Rassel aufhört, ihren Ton zu machen, tönt noch für eine kurze Zeit das Ahhhhhhhhhhhh der Gruppe, als auch dies stoppt, hört man auf einmal die Rufe der Krähen, die in den nah gelegenen Bäumen sitzen und es ist, als ob sie den Ton der Gruppe fortführen und weitertragen wollten.

Diesmal ist es Tina, der alle ansehen können, dass sie etwas sehr Bewegendes erlebt hat. Sie möchte auch als erste erzählen.

Tina ist in der Trancereise zuerst ganz fasziniert gewesen von dem Ton. Sie hat gespürt wie sie zu einem „Tonkanal" wurde. Alles in ihr fühlte sich in Schwingung.

Vor sehr langer Zeit habe ich mal in einem Kirchenchor mitgesungen und damals hatte ich ein einziges Mal eine absolut ergreifende Erfahrung. Ich wurde, während wir in einem Gottesdienst sangen, auf einmal förmlich in die Luft gehoben und war für einige bezaubernde Momente nicht mehr in der Wirklichkeit. Damals wusste ich nicht, dass dies eine schamanische Erfahrung war. Damals habe ich mich auch etwas erschreckt. Solche Erfahrungen konnte ich mit niemandem teilen, also habe ich es selber auch wohl verdrängt.

Jetzt eben in der Trancereise war ich zunächst wieder in dieser Situation mit dem Chor während des Gottesdienstes. Ich hatte eine Erinnerung an das Glücksgefühl, das damals ganz überwältigend gewesen ist. Heute konnte ich dieses Gefühl jedoch wirklich

linke Abb.: Männliche Figur aus massivem Silber mit Beimischung von Gold und Einlagen aus Venusmuschel, Gold und Spondylus.
Inka-Kultur, Fundort unbekannt, Höhe: 14,5 cm.

rechte Abb.: Klassische Quimbaya-Keramik mit glatter Modellierung und farbenfroher Bemalung.
Pereira, Kolumbien, 500-1000 n. Chr., Höhe: 35,6 cm.

*zulassen und auch einfach total darin aufgehen. Und dann ist et-
was passiert, über das ich jetzt eigentlich gar nicht so ausführlich
sprechen möchte: Es ist mir ein großer Engel erschienen, der seine Hand über mich gehalten hat. Dieser Engel hat mir dann sehr
genau erklärt, wieso meine Eltern gerade so distanziert zu mir
sein müssen. Ich kann die Art dieser Kommunikation nicht gut beschreiben. Es war eine Verständigung auf einer sehr tiefen Ebene.
Ich habe das auch weniger mit dem Kopf sondern mehr mit meinen Gefühlen verstanden.*

*Ich habe annehmen und völlig akzeptieren können, dass die
Trennung meiner Eltern von mir als ihrer Tochter wirklich überhaupt nichts mit mir, meinem Verhalten, meiner sexuellen Orien-
tierung zu tun hat.*

*Ich bekam meine Eltern gezeigt als bedürftige Wesen, die nicht
die Chancen zur Entwicklung hatten, die ich als später Geborene
hatte. Mir wurde gesagt, dass dies eine Lektion für mich sei, mich
in Mitgefühl zu üben.*

*Ich habe nach der Trance dann an eine bestimmte Situation
mit den Eltern gedacht, und"* – hier beginnt Tina zu weinen *„ich
habe mich auf einmal in dem, was ich zu dieser Situation fühlte,
völlig erneuert und verändert erfahren.*

Tina berichtet noch ein wenig über ein ihr noch recht unbekanntes Gefühl des Aufgehobenseins, über ihre Erfahrung, einen Platz in der Welt zu haben, unabhängig davon, was
andere sagen oder tun. In einer Gruppensitzung mehrere Monate später kommt Tina
noch einmal auf diese Erfahrung zurück:

*In den ersten Tagen nach dem Wochenende war ich ein wenig
dünnhäutig.*

*Ich war auch recht emotional, habe viel geweint und brauchte
viel Zeit für mich allein. Dann ist das wieder weggegangen und ich
war wieder wie sonst auch. Allerdings mit einem riesigen Unter-*

schied: Das Gefühl des Aufgehobenseins ist mir geblieben und dafür bin ich unendlich dankbar.

Erfahrungen, wie wir hier in Tinas Bericht zu hören bekommen, sind in der Arbeit mit den Trancehaltungen keine Seltenheit. Die Art und Weise wie eine Einbindung in ein größeres Ganzes entsteht, wird natürlich sehr unterschiedlich erlebt. Manche Trancereisende treffen in den Haltungen immer wieder die gleichen Wesen, es entsteht fast so etwas wie eine Freundschaft, in jedem Fall eine Anbindung „Ich traf zuerst wieder meine drei alten weisen Männer", so beginnt fast regelmäßig der Trancebericht einer Teilnehmerin.

Häufig wird das Aufgehobensein auch einfach gefühlsmäßig erlebt, ohne dass Bilder dazu entstehen.

Der *Singende Schamane* eignet sich besonders gut dazu, dass solche Gefühle entstehen. Das mag an der Tatsache liegen dass durch den Ton eine zusätzliche Verbindung der Gruppenteilnehmer untereinander hergestellt wird.

Eine andere Erfahrung, die mit der Haltung des *Singenden Schamanen* ausgelöst werden kann, ist die, „den Schmerz der Welt" zu fühlen. Daher ist die Empfehlung auszusprechen, diese Haltung in der Gruppenarbeit nur in sicheren Situationen einzusetzen.

Es sollte nach dieser Reise immer Aufmerksamkeit dafür sein, ob ein Mitreisender eine schwere Erfahrung gemacht hat. Diese Erfahrung ist möglicherweise ganz unpersönlich, so als ob ein Mensch das Schwere für die anderen mitgetragen hätte. Wichtig ist, dass diese Erfahrung mitgeteilt wird und nicht womöglich aus falsch verstandener eigener Interpretation jemand sich nicht traut, „Schwieriges" im Beisein von anderen auszusprechen.

Hier noch eine schöne Geschichte, wie der *Singende Schamane* dabei half, einen behindernden Zauberbann zu lösen.

Christian ist neu in der Gruppe. Eine Bekannte von ihm hatte die Technik für sich selber vor einigen Monaten entdeckt und seitdem keine Ruhe gegeben: „Das musst du unbedingt ausprobieren!"

linke Abb.: Hölzerner Grabpfahl, oft mit Gold, Türkis oder Muscheln eingelegt. Trujillo, Peru, 250-500 n. Chr., Höhe: 47 cm.

rechte Abb.: Kleine Anhänger aus grünem Speckstein. Bahia-Inseln, Honduras, 1000-1500 n. Chr., Höhe: 5,4 cm.

Während der ersten Haltung hatte Christian sehr starke Körperempfindungen gehabt, er sagte, „Ich fühle mich wie nach einem Workout beim Sport, kann aber nichts Klares aus dieser Erfahrung für mich herauslesen."

Nun geht die Gruppe am gleichen Tag in die Haltung des *Singenden Schamanen*.

Nach der Trance in der Runde beim Erzählen wirkt Christian zunächst sehr scheu. Er möchte nichts sagen, als der Redestab zuerst zu ihm kommt. Als schließlich alle erzählt haben über ihre Reise, seufzt er und beginnt schließlich mit seiner Geschichte:

Ich muss euch zunächst allerlei über mich erzählen, sonst könnt ihr nicht verstehen, was diese Erfahrung für mich bedeutet. Ich bin jetzt fast 40 Jahre alt und ich glaube von mir selber, dass ich anscheinend und offensichtlich nicht in der Lage bin, über längere Zeit eine Beziehung zu einer Frau aufrecht zu erhalten. Bisher sind meine Partnerschaften regelmäßig gescheitert. Vor einigen Jahren habe ich dann in einer Therapie herausgefunden, dass das ganze immer wieder einem nahezu identischen Muster folgt.

Frauen mögen mich. Ich habe überhaupt kein Problem damit, mit ihnen in Kontakt zu kommen. Oft sind es die Frauen, die die Initiative ergreifen, ich werde angesprochen, eingeladen, ich hatte lange Zeit immer wieder das Gefühl, dass ich ein begehrenswerter Mann bin. So war es mir auch in meinen jüngeren Jahren gar nicht wichtig, wenn mir wieder mal eine Freundin den Laufpass gab, ich wusste ja, andere Mütter haben auch schöne Töchter.

Irgendwann war ich dann doch auch mal erschrocken. Beim Bier mit einem Freund, erzählte mir dieser, dass ich langsam einen Ruf als der gefühllose Herzensbrecher in Frauenkreisen bekäme.

Dieser Freund war mit zweien meiner ehemaligen Freundinnen in Kontakt gekommen und hatte viele Stunden zuhören müssen, wie gemein und herzlos ich die Freundinnen behandelt hätte.

Dies gab mir in den folgenden Wochen dann doch Stoff zum Grübeln. Den Frauen hatte ich wenig zugehört, wenn sie sich be-

klagten bei mir, ich ging davon aus, dass alle Frauen ihre Männer mit solchen Geschichten langweilen würden, zuhause hatte ich bei meinen Eltern auch erlebt wie mein Vater meine Mutter einfach stehen ließ, wenn sie weinte. Später trennten sich meine Eltern, ich glaube, meine Mutter hat einen verständnisvolleren Mann gefunden. Ich war aber viel bei meinem Vater und war immer der Meinung, so wie er auch, dass mit Frauen eben sowieso nicht wirklich zu reden sei.

In der Therapie, die ich schließlich begann, als wieder einmal eine Partnerschaft in die Brüche gegangen war, fand ich heraus, dass eine bestimmte Form von Nähe, die Frauen wohl immer von mir wollen, mir einfach nicht möglich ist. Es ist nicht der Sex, das klappt gut, es ist auch nicht so, dass ich nicht mit den Frauen reden könnte, je länger aber eine Beziehung dauert, je vertrauter und intimer das Zusammensein wird, umso anstrengender wird mir alles. Ich habe dann immer weniger das Bedürfnis mit der Partnerin etwas zu unternehmen, die Beziehung wird mir schließlich nur lästig und irgendwann beendet entweder die Frau oder seltener ich selber das Ganze.

Mein Therapeut hat immer versucht, mich erinnern zu lassen, was der Grund für dieses Verhalten sein könnte, eine klare Form von Erinnern war mir aber nicht möglich. Genauer betrachtet habe ich mich schließlich in der Therapie ähnlich genötigt gefühlt wie in den Beziehungen zu Frauen und so habe ich das schließlich auch abgebrochen.

Heute in der Reise war dann folgendes: Durch den intensiven Ton hatte ich sehr stark das Gefühl nicht allein zu sein. Es war aber eine neue Form von Gemeinsamkeit mit anderen. Da war dieser starke Ton aus vielen Stimmen, aber niemand wollte irgend etwas von mir.

Ich glaube, ich musste mich nicht schützen wie sonst so oft im Beisein anderer Menschen.

> *Da war es auf einmal so, als ob ich auf der Schwinge eines*
> *großen Vogels getragen in einen Raum kam, in dem mir sehr viel*
> *Wohlwollen begegnete. Eine Stimme fragte: „Bist du bereit zu se-*
> *hen?" Ich konnte gar nicht anders als zustimmen und dann sah*
> *ich mich als ziemlich kleinen Jungen mit meiner Mutter und was*
> *ich sah, war gar nicht schön. Ich möchte euch das jetzt auch nicht*
> *alles erzählen, es reicht mir gerade, wenn ich sage, dass sie mich*
> *ganz arg gedemütigt hat. Ich konnte sehen, dass sie immer, wenn*
> *sie sehr frustriert war über meinen Vater, sie mich als sehr kleinen*
> *Jungen für ihre Bedürfnisse missbraucht hat.*

An dieser Stelle beginnt Christian zu weinen. Da das für ihn auch eine ganz neue Erfahrung ist, dauert es geraume Zeit, bis er weiter erzählen kann.

> *Als mir alles, was wichtig war, aus meiner frühen Kindheit gezeigt*
> *worden war, sah ich ein neues Bild in einem neuen Raum. Da war*
> *ich und ich war umgeben von einer riesigen Rolle aus Stachel-*
> *draht. Innen war schon genug Platz für mich, aber dieser Stachel-*
> *draht verhindert ein Zusammensein mit den anderen Menschen.*

> *Zu diesem Bild wurde mir dann gesagt, dass die Liebe von mir*
> *zu den anderen, aber auch umgekehrt von anderen zu mir dieses*
> *Stacheldrahtgehäuse langsam auflösen könne. Jeder liebevolle*
> *Gedanke, jede liebevolle Geste könne einen Stachel entfernen, so*
> *sei es jetzt an mir, ob ich weiter allein bleiben wolle oder ob ich zu-*
> *lasse, dass mein Stacheldrahtgefängnis langsam verschwindet.*

Alle sind sehr berührt. Es ist deutlich, dass hier ein Schritt zu tiefer Heilung geschehen ist. Die Gruppe und auch Christian selber haben das Gefühl, dass während dieser Arbeit schon einige Stacheln abgebaut werden konnten.

Die Mohnfrau von Gazi

Berauschendes von der Mohnfrau von Gazi

BESCHREIBUNG DER HALTUNG: Im Stehen, Füße parallel, 10-15 cm auseinander. Die Knie leicht gebeugt, d. h. locker stehen.

Beide Arme anwinkeln, so als ob der Ellbogen die untere Spitze des Buchstabens V bildet. Die Arme stehen dabei seitlich vom Körper ab. Die nach oben gestreckten Handflächen, mit zusammen gelegten Fingern, weisen nach vorne. Bei der rechten Hand ist der Daumen seitlich abgespreizt.

Die Fingerspitzen befinden sich in etwa auf Höhe der Ohren. Kopf geradeaus halten, der Mund ist wie zum Pfeifen gespitzt. Möglicherweise kann sich während der Haltung ein Pfeifton entwickeln. Der Körper wird im Brustbereich sehr gerade gehalten.

Die Figur trägt ein Stirnband in das drei Mohnkapseln an Stielen gesteckt sind.

Bei dieser ursprünglich auf Kreta im Heiligtum von Gazi gefundenen Figur stecken in einem Stirnreif drei Mohnkapseln. Mit etwas Phantasie betrachtet wirken sie wie Antennen. Die Wirkung von Mohn ist uns bekannt als berauschend, Schlaf fördernd und erheiternd.

Experimentierfreudige Trancereisende können andere Substanzen ins Stirnband stecken. Wir verbinden uns dann in der Haltung möglicherweise mit dem Geist der Substanz, mit dem, was sie repräsentiert. Für das Erforschen von solchen Feinheiten ist im Trancesystem noch viel Raum. Alle, die Lust haben, selber auf Entdeckungsreisen zu gehen, sind eingeladen, selbst zu experimentieren. Ein Erlebnisbericht von Inge, die wir in einem früheren Kapitel schon kennengelernt haben, hilft uns, die Energie des Raumes, in den diese Haltung führen kann, kennen zu lernen.

Inge ist nun schon einige Monate lang in der Trancegruppe. Nach ihrem anfänglichen spektakulären Erlebnis, als sie lernte zu vertrauen, hat sie nicht nur in der Gruppe, sondern auch für sich allein zu Hause Haltungen praktiziert. Allein für sich, ist Inge meist in der Bärenhaltung gereist, weil sie fühlte, dass viel Heilung gebraucht wurde, um das Ende ihrer Ehe zu verarbeiten.

Die Gruppe trifft sich im Vorfrühling, draußen sind die ersten früh blühenden Frühlingsboten erschienen. Die Nächte sind aber noch etwas frostig. Inge erzählt in der ersten Runde: „Seit einigen Wochen kann ich sehr schlecht schlafen. Mein Ex-Ehemann fehlt mir dann sehr. Alles ist einsam und kalt, ich kann ja auch zu der Zeit niemanden mehr anrufen." Sie schluckt und ihre Stimme zittert ein wenig. „Ich geniere mich ja, das jetzt zu sagen, aber manchmal fürchte ich dann, noch ganz verrückt zu werden. Ich würde so schrecklich gerne wieder ein normales Leben haben."

Durch vorsichtiges Nachfragen der Gruppenleitung stellt sich heraus, dass für Inge „normales Leben" heißt, zumindest einen Partner, am besten einen Ehemann zu haben. Inge hat sehr früh geheiratet, war damals direkt aus ihrem Elternhaus mit ihrem Mann zusammengezogen. Allein zu leben ist ihr somit ganz fremd.

Einige Gruppenmitglieder trösten Inge mit Erzählungen, wie sie ähnliche Situationen in ihrem Leben gemeistert haben und letztendlich gereift daraus hervorgegangen sind.

Die Gruppenleitung fordert Inge dazu auf, einmal aufzulisten, wozu sie wirklich unbedingt einen Partner braucht, damit deutlicher werden kann, woran Inge für sich arbeiten sollte. Dann geht die Gruppe in die Trancehaltung der *Mohnfrau*.

Alle bekommen Stirnbänder und Mohnkapseln. Nachdem die Haltung beendet ist, die Geister verabschiedet sind und alle Teilnehmer ihre Tranceerlebnisse aufgeschrieben haben, erfährt die Gruppe von Inge folgendes:

> *Ich hatte das Gefühl durch die Stiele der Mohnkapseln in Windeseile nach oben gesogen zu werden. Da, wohin ich dann kam, sah ich eine üppig blühende Frühlingslandschaft. Einige Pflanzen waren mir unbekannt, ich glaube die Landschaft war in einem südlich gelegenen Land, Italien vielleicht oder Griechenland. Ich saß jedenfalls dort auf einer Blumenwiese und habe das zunächst sehr genießen könne. Ich roch förmlich den Duft der blühenden Pflanzen, mir wurde angenehm schwindelig davon, ich begann während der Trance zu träumen.*
>
> *Dann auf einmal bin ich erschreckt, da stand jemand vor mir. Es war ein männliches Wesen, das allerdings konnte ich erst bei*

genauem Hinsehen erkennen. Er trug ein grünes Gewand und er war mit allerlei Pflanzen bekränzt. Ein Kranz auf dem Kopf, einer um den Hals und mehrer kleinere um Handgelenke und Arme. Ich musste erst fast lachen, er machte auf mich den Eindruck, dass er verkleidet sei, ich habe mich dann aber zum Glück noch schnell erinnert, dass die Wesen in dieser Welt mit Respekt behandelt werden sollen.

Da begann er auch schon zu sprechen, (Inge kichert ein wenig) er sagte, er sei in den Mythen bekannt als Pan. Ihm persönlich sei es nicht so wichtig wie man ihn nenne. Er sei gekommen, um mit mir ein Tänzchen zu veranstalten.

Was ich dann erlebte kann ich noch nicht so gut beschreiben. Es hat mich wild herumgewirbelt. Ich kam in ein wirklich ekstatisches Gefühl, vielleicht könnte ich es vergleichen mit dem Zustand nach einem Gläschen Sekt. Ich habe das auch nicht so klar gesehen wie den Anfang dieser Geschichte. Jedenfalls kann ich euch sagen, nach so etwas könnte ich süchtig werden, wenn ich nicht grundsätzlich ein sehr kontrollierter Mensch wäre.

Pan hat Inge dann zum Abschied eine riesige Mohnblüte geschenkt und darum ersucht, dass sie ihn bitte nicht vergessen möge. Die Gruppe ist amüsiert. Inge sieht rosig aus und hat ein gewisses Glitzern in den Augen.

Als Nachsatz noch die Information, dass Inge beim nächsten Gruppentreffen berichtet, dass sie seit der Begegnung mit Pan wieder sehr gut schlafen konnte.

Bei den Vorbereitungen zur *Mohnfrau* ist es schon häufig vorgekommen, dass die Menschen, sobald sie die Mohnkapseln ins Stirnband gesteckt haben, über eine Veränderung berichten.

Sogar noch bevor die Haltung ihre Wirksamkeit entfalten kann, scheint der Mohn in die Stimmungslage einzuwirken. „Ich fühlte mich auf einmal so fröhlich und ein wenig entrückt", solche Kommentare gibt es öfter zu hören, wenn die Teilnehmer nach der Haltung berichten, was ihnen aufgefallen ist.

*Figur mit kegelförmigem
Kopfputz und Mohnkapseln
über der Stirn.
Gazi, wahrscheinlich
Spätminoisch IIIA,
ca. 1350 v. Chr.,
Höhe: 77,5 cm.*

Peter, den wir im Kapitel über die Bärenhaltung kennengelernt haben, hat zuerst etwas Probleme damit, sich ein Stirnband umzubinden und Mohnkapseln hineinzustecken.

Er sagt es zwar nicht, aber alle in der Gruppe merken, dass er das ziemlich albern findet, sich etwas geniert und sich weit weg wünscht. Die früheren guten Erfahrungen mit der Methode haben ihn davon abgehalten, bei diesen Anweisungen den Raum zu verlassen, erzählt er später. Es sei ihm aber schwer gefallen, das Vertrauen, das er zur Gruppe, zur Leitung und zur Trancearbeit ganz grundsätzlich aufgebaut hatte, weiter aufrecht zu erhalten.

Nach der Reise wirkt Peter sichtlich euphorisch. Er bekommt als erster das Wort:

Ja einige von euch waren ja dabei, als ich durch die Trancehaltungen ein frühes, traumatisierendes, vergangenes Erlebnis verarbeiten konnte. Was ich heute erlebt habe, kommt mir wie eine Reise in eine wunderbare Zukunft vor.

Als die Rassel begann und ich noch mit meinem Ärger über die Mohnkapseln beschäftigt war, kam ein Vogel mit weißen, sehr flauschigen Federn und fächelte mir mit diesen Federn vor der Stirn und den Augen meine schlechte Laune einfach weg. Dann hob er mich empor und flog mich in ein Indianerdorf. Ich konnte das erkennen weil dort viele Tipis standen, aus einigen kam Rauch, also das Dorf war bewohnt. Ich sah aber keine Menschen, nur ein weit entferntes Trommeln, glaubte ich zu hören. Habe kurz überlegt, aber ich wusste ja, dass hier im Raum gerasselt wird, also hat das Trommeln wohl zur Trancereise gehört.

Und dann kam auf einmal eine, wie mir schien, unglaublich alte Frau auf mich zu. Sie war indianisch gekleidet in ein Gewand aus Leder, trug Mokassins an den Füßen mit wunderschönem Schmuck aus Perlen und Türkisen. Ihre langen Haare waren zu Zöpfen geflochten, in die vielerlei bunte Perlen mit eingearbeitet waren. Sie wirkte unglaublich strahlend, trotz ihres offensichtlich hohen Alters. Ich wusste, ohne dass sie mit mir in Worten sprach, dass ich ihr zu folgen hatte. Sie ging voran und führte mich zu einem etwas abseits gelegenen Tipi. Dort wurde mir bedeutet, einzutreten und mich auf einem Fell hinzusetzen.

Dann begann sie auf einer Trommel zu schlagen. Das war höchst sonderbar, es war, als ob ich in einer Trance in eine weitere Trance versetzt wurde. Ich kenne so etwas auch aus Träumen, wenn ich im Traum bemerke, dass ich etwas träume, das erscheint mir, selten wie es geschieht, sehr bedeutungsvoll.

Ich wurde dann mit Salbei beräuchert, außerdem war in dem Rauch noch eine andere Substanz, die mir aber nicht bekannt ist. Es entschwand jegliches Gefühl dafür, was nun Trance oder Realität oder Einbildung oder Traum sein könne, ich WAR einfach und ich war EINFACH.

In diesem losgelösten Zustand hat mir eine Kraft mitgeteilt, dass ich den Menschen, die mir begegnen, sagen soll, dass wir alle mit den Füßen auf Mutter Erde stehend, mit unserem Geist zu Vater Himmel reichen können und wir alle die Verpflichtung haben, fortan unser Potenzial dafür einzusetzen, dass Balance in allen Bereichen des Lebens entsteht.

Mir wurde gesagt, dass wir Weißen versuchen sollen von den Eingeborenen Völkern zu lernen. Sie haben es verstanden, diese Balance zu halten und einige halten sie noch. Es ist höchste Zeit, dass mehr Menschen dabei mithelfen. All die alten Prophezeiungen sind wichtig. Alle Menschen müssen gemeinsam helfen, Mutter Erde zu dienen. Jeder kleine Schritt ist wichtig und hilft dem großen Ganzen. Erdmutter wird uns danken dafür, indem sie die Erde für unsere Kinder erhält."

Alle schweigen lange Zeit als Peter geendet hat. Seinen Worten ist nichts hinzuzufügen. Eine ehrfürchtige Stimmung ist entstanden. Es haben auch alle verstanden, was gemeint ist und dass alle gleicherweise gemeint sind.

Etwas später sagt Peter, er glaubt, er hat zur Mohnkapsel nun auch ein sehr entspanntes, akzeptierendes Verhältnis gewonnen.

*Figur mit etwas anderer Handhaltung und Vögeln statt Mohnkapseln
auf dem Kopfschmuck.
Gazi, Heraklion, ca. 1350 v. Chr.*

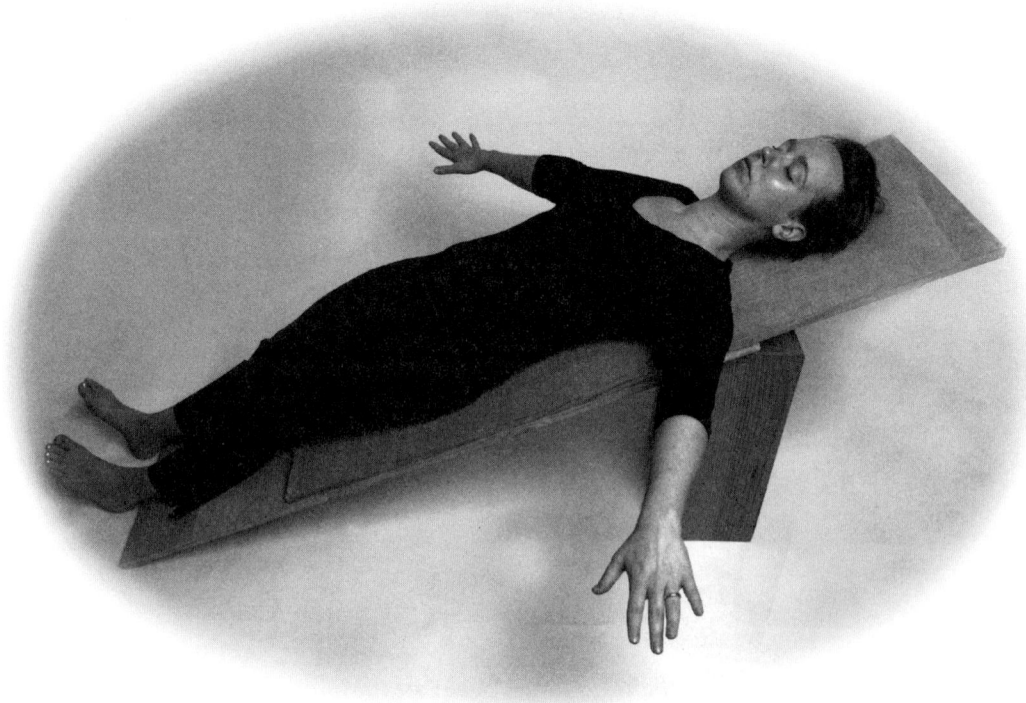

Die Haltung von Lasceaux

Eine Reise zu den Sternen:
Die Haltung von Lasceaux

BESCHREIBUNG DER HALTUNG: Für diese Trancehaltung ist die ideale Lage auf einer schrägen Ebene, die im Winkel von 37 Grad zum Boden liegt.

Falls keine schräge Ebene vorhanden ist oder hergestellt werden kann (mit ausgehängten Türen funktioniert es gut, sofern sie stabil gegen etwas gelehnt werden können), ist es auch möglich, auf dem Boden zu liegen. Dabei kann man sich visuell vorstellen, in einer schrägen Lage mit dem Kopf nach oben in die Reise einzusteigen.

Die Beine sind dicht zusammen gehalten, die Knie werden durchgedrückt, die Füße stehen im rechten Winkel zu den Beinen.

Der rechte Arm liegt in einem Winkel von 37 Grad zum Körper auf der Fläche, Finger sind gespreizt. Der linke Arm liegt im Winkel von 74 Grad zum Körper (also ein doppelt so großer Winkel). Auch die Finger der linken Hand sind gespreizt. Der Kopf ist leicht nach links gedreht. Mund und Augen sind geschlossen.

Die Reisehaltung zu dieser Erfahrung findet sich als Felszeichnung in einer Höhle. Es war die erste Haltung, die von Felicitas Goodman als „Seelenreise" erkannt und benannt wurde. Goodman machte die Beobachtung, dass der liegende Mann, der auf dieser Felszeichnung zu sehen ist, in einem bestimmten Winkel zur Unterlage liegt, nämlich in einem Winkel von 37 Grad. Auch die Arme sind in bestimmter Winkelstellung zum Körper gehalten. Der rechte Arm liegt im Winkel von 37 Grad zum Oberkörper, der linke Arm hat einen Winkel von 74 Grad zum Oberkörper.

Auch in der ägyptischen Mythologie finden sich Abbildungen, die dieser Haltung sehr ähnlich scheinen. Osiris liegt in exakt diesem Winkel auf einer schrägen Ebene. Offensichtlich ist aber seine Armhaltung verschleiert worden. Wir können annehmen, dass hier schon eine Geheimhaltung der wirksamen Andersweltreise begonnen hatte. In

Ägypten gab es schon eine Priesterkaste, die über solche Rituale Wache hielt, auf dass sie nicht von jedermann praktiziert werden konnten.

Um die originalgetreue Haltung einnehmen zu können, wurden von den Trance-Erforscherinnen „Rampen" gebaut, auf denen der Körper in exakt diesem Winkel auf Reisen gehen kann.

Paul kommt zum dritten Mal zu einem Tranceworkshop. In der Einführungsrunde erzählt er über sich. In seinem Leben ändert sich gerade vieles. Paul arbeitet bei einem Träger der Sozialarbeit seit vielen Jahren mit schwer gestörten Jungen. Nach seinem Studium der Theologie war es ihm wichtig gewesen, an einer Stelle zu wirken, wo die Möglichkeit, christliche Nächstenliebe zu realen Taten werden zu lassen, gegeben war.

Felsmalerei aus der Höhle von Lasceaux, Altsteinzeit, Montignac Grotte, Frankreich

Paul hat sich in seiner Arbeit seit vielen Jahren nebenberuflich, das heißt ohne dafür bezahlt zu werden, für die Jungen, die er betreut, eingesetzt.

Nun sind zwei schwierige Prozesse eingetreten. Einer der von ihm betreuten Jungen muss in einer Gerichtsverhandlung gegen seine Eltern aussagen. Paul hat dafür gekämpft, dass der ohnehin traumatisierte Junge nicht weiter von seiner Ursprungsfamilie in Anspruch genommen wird. Er hält es für eine erneute Traumatisierung, wenn jetzt per amtlicher Verordnung Wunden wiederaufgerissen werden, die gerade zu heilen begonnen hatten. Paul hat mit aller Kraft versucht, die Behörden davon zu überzeugen, dass der Junge nicht öffentlich vernommen werden solle, hat aber den Kampf verloren.

Über diese Geschichte ist nun Paul mit seinen Vorgesetzten in eine Auseinandersetzung gekommen. In einem erhitzten Wortwechsel wurde ihm vorgeworfen, sich durch sein nebenberufliches, quasi privates Engagement für die Jungen, eigene Bedürfnisse zu erfüllen. Eine Kollegin hat ihm mit spitzer Zunge vorgeworfen, er hätte vielleicht besser selber Kinder in die Welt setzen sollen, dann bliebe es ihm erspart, seine berufliche Situation für private Bedürfnisbefriedigung auszunutzen. Und somit blieben auch dem Trägerverein peinliche Auseinandersetzungen erspart.

Während Paul diese Geschichte erzählt, was ihm sichtlich schwer fällt, spüren alle anderen im Raum, wie sehr er durch diese Auseinandersetzungen verletzt ist.

Die Gruppe geht an dem Tag dieses Treffens in die *Haltung von Lasceaux*.

Pauls Reisebericht:

Ich bin sehr schnell mit dem Kopf voran zum Fenster herausgeflogen. Eine ganze Zeit lang konnte ich nichts sehen, es war wie ein Blindflug im Nebel.

Ich habe die Rassel gehört und das tat mir gut, weil ich wusste, dass ich noch im Raum bin. Ich habe mich nämlich ansonsten so gefühlt, als ob ich höher und höher und immer weiter von der Erde weg fliege. Plötzlich lichtete sich der Nebel und ich war umgeben von einem unirdisch leuchtenden Blau. Dieses Blau hat mich umgeben wie ein Meer aus Farbigkeit. Ich spürte wie es mich trug und sonderbarerweise, wie es mich trösten konnte. Am liebsten wäre mir gewesen, wenn es in dieser Reise nur dabei geblie-

*ben wäre. Es tat mir gut, die blaue Farbe in mich hinein zu atmen
und darin völlig aufzugehen.*

*Auf einmal habe ich aber gespürt, dass jetzt etwas anderes ge-
schehen sollte. Ich fiel plötzlich sozusagen aus dem Blau heraus.
Eine sehr laute Stimme sagte: Ergib dich und folge dem Fluss des
Lebens. Ich habe nicht verstanden, was damit gemeint ist. Glück-
licherweise habe ich mich erinnert, dass wir immer die Instruktion
bekommen haben, falls wir während einer Reise etwas nicht verstehen, die Geister zu fragen, ob wir eine andere Antwort bekommen könnten. Also habe ich um eine zweite Erklärung gebeten.*

*Danach sah ich lauter farbige Kinder. Sie saßen vor einer run-
den Hütte. Afrika, Afrika, Afrika hörte ich dazu.*

Danach ist gar nichts mehr gewesen.

*Wenn ich jetzt versuche zu verstehen, was mir gesagt und ge-
zeigt wurde, so glaube ich, dass meine Zeit bei meiner Arbeitsstelle vorbei ist. Ich wollte schon immer gerne Reisen machen, vielleicht auch in anderen Ländern arbeiten.*

Paul hat einige Monate später seine Arbeitsstelle gekündigt und ist im Rahmen eines So-
zialprojektes für 2 Jahre nach Afrika gegangen.

Usch ist seit ca. einem Jahr in der Gruppenarbeit mit den Haltungen.

Sie hat die Möglichkeit, auf einer Rampe die *Lasceaux-Haltung* zu erleben. Ihr Bericht:

*Ich flog in Windeseile kopfüber zum Dachfenster (an dem die
Rampe angelehnt war) hinaus. Ich flog in enger werdenden Spira-
len höher und höher. Dann habe ich die Milchstraße erreicht. Ich
verlor mich im Funkeln all der Sterne dort. Dann aber war es ein
Stern, der mich besonders anzog.*

*Mir wurde sein Name gesagt und bedeutet, dass dieser Name
geheim und sehr wichtig sei. Ich wurde eingeladen, Zeit auf diesem Stern zu verbringen. Diese Einladung habe ich gerne ange-*

nommen. Nach einiger Zeit des Verweilens auf dem Stern war ich umgeben von vielen Kinderseelen. Ich erfuhr, welchen Weg meine eigene Seele in den letzten Inkarnationen beschritten hat. Ich verstand auf einmal, wieso ich in diesem Leben bisher keine Kinder bekommen habe. Ich verstand gleichzeitig, wieso mein Wunsch nach Kindern bisher so irrational übermächtig in mir gewesen ist.

Ich möchte meine tiefen Erfahrungen nicht genauer in Worte fassen. Ich kenne die Gruppe auch noch nicht so lange, als dass es mir möglich wäre, diese absolut intimen Details meiner vorherigen Leben hier auszubreiten.

Außerdem habe ich in einem vergangenen Leben ein Gelübde abgelegt, nichts über eine bestimmte religiöse Gemeinschaft, der ich angehörte preiszugeben. Ich bin mir im Moment darüber nicht klar, inwieweit dieses Gelübde auch heute noch gültig ist.

Obwohl alle in der Gruppe gerne mehr hören würden, ist klar, dass das für Usch gerade nicht gut möglich ist. Die Gruppenleitung gibt Usch die Aufgabe, unbedingt alles, was sie der Gruppe nicht erzählen mag, ausführlich aufzuschreiben.

Ein Erfahrungsschwerpunkt der *Lasceaux-Haltung* ist, aus einer erweiterten Perspektive auf Situationen schauen zu können.

Die Reise geht in Gefilde der oberen Welt. Wir wissen über diese obere Welt bisher weniger als über die untere Welt, in der z. B. die Tierwesengeister zu finden sind. Die obere Welt scheint weniger Persönliches, sondern eher Überpersönliches zu beherbergen.

So schön es wäre, könnten wir klare Landkarten der Räume zeichnen, in die uns die Reisen führen, scheint das jedoch leider nicht möglich zu sein.

Zwar haben wir heute mittlerweile eine Vielzahl von Reiseberichten, aufgezeichnet während vieler Seminare, trotzdem bleibt es zum Teil ein Geheimnis, wohin welche Reisemöglichkeit einen Menschen führen wird.

So wie wir auch Träume nicht in logische Systeme bannen können, bleibt auch bei Trancereisen der Zauber des Unvorhersehbaren bestehen.

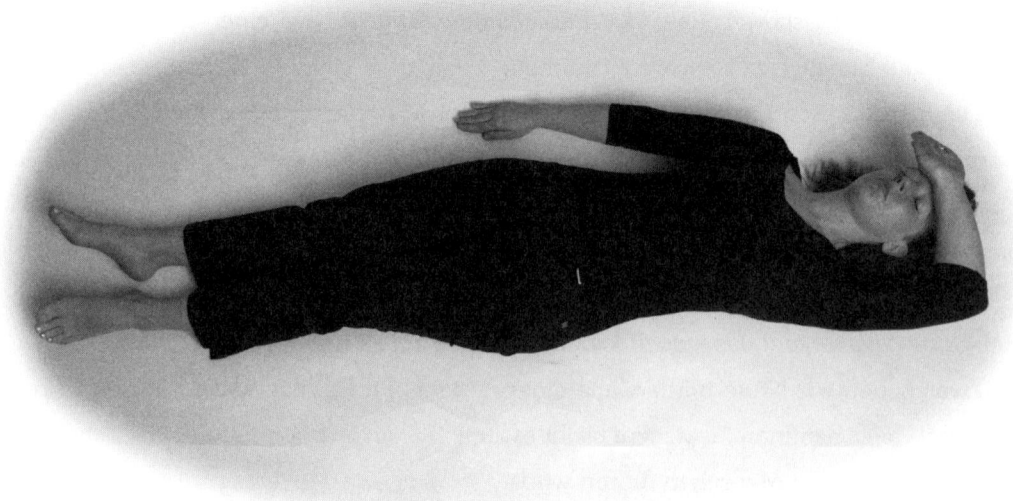

Die Reise in die Unterwelt

Die Geister der Tierwesen:
Reise in die Unterwelt

BESCHREIBUNG DER HALTUNG: Auf dem Rücken liegend, auf einer Decke oder auf einer Matte, den Kopf auch am Boden, kein Kissen benutzen. (Menschen mit Problemen der Wirbelsäule oder des Nackens können Knie und Kopf mit Kissen unterstützen, dies so wenig wie möglich). Zunächst werden die Füße mit den Innenseiten aneinander auf den Boden gelegt, dann dürfen sie auseinanderfallen, so wie das am bequemsten ist. Der rechte Arm liegt langgestreckt neben dem Körper in entspannter Position, Handfläche zum Boden, Finger geschlossen. Der linke Unterarm liegt mittig über der Stirn, dass kein Druck auf die Augen ausgeübt wird. Finger der linken Hand sind auch geschlossen. Ringe und Armbänder sollten abgenommen werden, damit nicht ablenkender Druck entsteht. Darauf achten, dass die Wirbelsäule möglichst gerade ausgerichtet ist. Augen und Mund sind geschlossen.

Dies ist eine der Haltungen, die ohne große Veränderung im Gesamterleben auch seitenverkehrt praktiziert werden kann. Falls jemand aufgrund körperlicher Probleme nur den rechten Unterarm auf die Stirn legen kann, ist das möglich. Grundsätzlich ist es gut, wenn alle gemeinsam Reisenden die ursprünglich beschriebene Haltung einnehmen. Nur in Ausnahmefällen und dann nur für die Person mit Behinderung in die seitenverkehrte Haltung gehen.

Diese Reisehaltung ist eine sehr gut bekannte, sie wurde und wird auch gelehrt im System des Core-Schamanismus, das von Michael Harner begründet wurde.

Beliebt bei manchen Teilnehmern als vermeintlich „bequem" aussehende Haltung, ist doch zu berichten, dass auch in dieser Haltung manchmal körperliche Schmerzen auftreten können, bevor dann der Trancezustand den Schmerz verschwinden lässt.

Harner lehrt, dass zu Beginn der Reise der Eintritt in die Unterwelt erleichtert werden kann, wenn die Menschen sich eine natürliche Erdöffnung vorstellen, durch die sie dann ihre Reise antreten. Das kann ein hohler Baumstamm, ein Mauseloch, eine Höhle, eine Pflanze oder Ähnliches sein. Es ist ansonsten auch ohne diese Visualisation einfach, mit Hilfe der Haltung in die Unterwelt zu gelangen.

Was uns modernen, christlich erzogenen Menschen jedoch schwer fallen kann, ist die Vorstellung einer freundlichen Unterwelt. Wir sind durch die Annahme geprägt, dass es in unteren Bereichen des Kosmos menschlicher Imagination eine „Hölle" gibt – und sehr geneigt, diese Welt als düster anzusehen, als etwas, was wir fürchten, wohin im Christentum am Ende des Lebens eine Strafverbannung erfolgt, wenn wir nicht „richtig" gelebt haben. Eine Reise dorthin ist für ängstliche Naturen nicht immer einfach anzutreten.

So ist bei der Ankündigung einer *Reise in die Unterwelt* wichtig, zunächst einmal potentiell düstere Phantasien in ihre Grenzen zu weisen. Ansonsten kann es nämlich leicht geschehen, dass Reisende sich verkrampfen, durch Befürchtungen, genau die düsteren Bilder einer Unterwelt á la Hieronymus Bosch herauf zu beschwören und somit schlechte Startbedingungen zu haben.

Die Unterwelt unserer Trancehaltungen ist wie alles in dieser Kosmologie weder schwarz noch weiß, weder gut noch böse. Sie ist ein Ort, in dem wir Tierwesengeister treffen können.

Sie hält auch möglicherweise Kontakte mit unseren Ahnen bereit. Es kann sein, dass wir dort verstorbenen lieben Menschen begegnen.

Kira, die wir kennen aus der Geschichte nach ihrem Einzug in die neue Wohnung, hat sich einige Jahre nicht in den Trance-Seminaren blicken lassen. Sie war so beschäftigt mit ihren Zwillingen, dass kein Raum blieb für Andersweltreisen.

Nun sind die Zwillinge seit einigen Wochen im Kindergarten. Erleichtert, wieder Zeit für Eigenes zu haben, hat Kira ihre Trancehaltungsbücher aus dem Regal gefischt.

Schon seit längerer Zeit, möchte Kira gerne wissen, welches Tier ihr Krafttier ist. So hat sie versucht zu Hause eine Krafttierreise durchzuführen, leider sei das aber nicht erfolgreich gewesen.

Nun sitzt sie im Krafttierseminar gemeinsam mit acht anderen Teilnehmern. Die Gruppenleitung gibt Raum zum Erzählen, wieso die Teilnehmer gekommen sind. Kira berichtet von ihrem Heimwerkerversuch:

Ich lag in meinem Zimmer und hatte die Reise gerade begonnen, da hat es an der Haustür geklingelt. Diese Klingel kann ich leider nicht selber abstellen, sie hat einen elektronischen Modus dafür, den ich aber nicht verstehe. Als ich das einmal gemacht hatte, war die Klingel danach außer Betrieb für drei Tage. Na gut, ich habe es eben klingeln lassen, bin nicht zur Tür gegangen, aber danach hatte ich erst mal damit zu kämpfen, dass ich mir Sorgen gemacht habe, es könnte was wegen der Zwillinge gewesen sein. So sind sicher mindesten fünf Minuten der Reise ungenutzt vergangen wegen dieser Störung.

Dann habe ich mich erinnert, dass wir ja in den Reisen Fragen stellen können. Ich habe also darum gebeten, dass mein Krafttier sich zeigen möge. Es war ganz sonderbar, direkt nach meiner Bitte hatte ich das Bild eines sehr alten Mannes. Er hatte wirre, zottelige Haare, trug ein sackartiges Wams, einen großen Gürtel an dem eine Art Waffe hing, die ich nicht genau erkennen konnte. Eine Zeit lang habe ich diesem Mann zugesehen. Er sammelte irgendetwas in einen großen Korb. Dann fiel mir wieder ein, dass ich ja weitere Fragen stellen kann, wenn ich etwas nicht verstehe. Ich habe also diesen Mann gefragt, wer er sei, ob er mich zu meinem Krafttier führen könne. Er hat mich daraufhin irgendwie zornig angesehen. „Ich bin der Hüter des Platzes hier", hat er gesagt. Das half mir nun auch nicht weiter. Weil der Mann zornig aussah, mochte ich ihn aber dann nichts mehr fragen. Ich habe gehofft, er würde mir von sich aus noch etwas enthüllen, das hat er aber nicht gemacht. Es hat zusätzlich zu seinem Korb noch einen großen Sack dabei gehabt. Den hat er mit Gras und Blumen gefüllt. Dann ist er einen Waldweg entlang gestapft. Ich bin ihm respektvoll mit Abstand hinterher gegangen.

Die Hoffnung, dass vielleicht gleich ein Tier von irgendwo auftaucht, ließ mich durchhalten, doch dann war auf einmal die Reise schon zu Ende.

Ich bin dann erstmal schnell zur Tür, um zu schauen, ob dort vielleicht eine Nachricht hinterlassen wurde, aber stellt euch vor, dort lag direkt auf den Stufen eine große Rabenfeder.

Das war dann doch wie ein Zeichen für mich, dass ich weitermachen soll. Ich habe mich daran erinnert, dass der Rabe die Magie bringt. So war ich dankbar für dieses magische Geschenk. Fand dann das Trancehaltungsprogramm und stellte fest, dass wunderbarerweise nur wenige Wochen später ein Krafttierseminar stattfinden würde. Voila, hier bin ich nun.

Kira ist offensichtlich bei ihrem ersten Versuch an einen Ort gelangt, der für sie eigentlich nicht zur Verfügung stand. Der Hüter des Ortes hat versucht, ihr das auf seine Weise zu sagen. Kira hat nicht verstanden, worum es ging. Ratsam wäre vermutlich gewesen, sich vom Platzt und seinem Hüter respektvoll zu verabschieden und nach einem anderen Ort der Unterwelt zu suchen oder um einen Hinweis, eine Wegbeschreibung zu bitten, und dort die Krafttiersuche weiter fortzusetzen.

Nachdem alle anderen Teilnehmer erzählt haben, was ihre Motivation zur Krafttierreise ist, begibt sich die Gruppe in die Haltung.

Die Leitung trommelt, es ist zuvor vereinbart worden, dass alle Teilnehmer, die ihr Krafttier gefunden und mitgebracht haben, als Zeichen die Hand von der Stirn nehmen, damit klar ist, wann alle die Reise erfolgreich beendet haben. Die Teilnehmer haben auch die Information erhalten, dass sie mit den Tieren, die während der Reise auftauchen, in Kontakt gehen sollen, sie fragen sollen: bist du mein Krafttier? Tiere, die einen deutlich unfreundlichen Eindruck machen, sollen lieber sofort vermieden und buchstäblich „umgangen" werden. Eine weitere Information ist, dass Insekten normalerweise keine Krafttiere sind.

Während der gemeinsamen Reise sind nach ungefähr zehn Minuten alle Teilnehmer zurück, nur Kira liegt noch weitere zehn Minuten in der Haltung, ohne das vereinbarte Signal zu geben.

So wird die Trommel schließlich für kurze Zeit langsamer und stoppt dann, alle aus der Gruppe schreiben auf, was sie erlebt haben, Kira liegt noch eine Weile auf dem Boden, dann setzt auch sie sich auf.

Da Kiras Reise offensichtlich ungewöhnlich verlaufen ist, wird sie als erste aufgefordert, über ihre Erlebnisse zu berichten. Sie erzählt:

Ich bin wie schon früher in dieser Haltung durch den Baumstamm, den ich aus meinem Zauberwald kenne, hinabgestiegen. Ich kam auf der Wiese an, dort war aber nichts Spektakuläres zu sehen, es gab heute dort noch nicht mal die üblichen Blumen.

Plötzlich gab es ein Brausen, ein Windstoß erfasste mich und ich flog plötzlich mit dem Raben über den Baumwipfeln eines Waldes.

Ich habe mich etwas erschreckt als ich plötzlich jemand sprechen hörte, es konnte eigentlich nur der Rabe sein, sonst war ja niemand dort. Er sagte, dass wir gerade unterwegs seien zum Ratsfeuer der Tiere. Ich hätte einen Antrag gestellt und zur Verhandlung darüber solle ich nun selbst bitte auch anwesend sein. Mir wurde ja etwas beklommen zumute, aber was sollte ich tun, wir waren ja schon unterwegs. So flogen wir auch noch eine ganze Weile, dann landete der Rabe etwas abrupt am Rande einer Lichtung. Ich wurde aufgefordert, dort zu warten.

Ich habe mich dort hingesetzt und ich glaube, ich bin eingedöst. Jedenfalls bekam ich irgendwann einen Schubs und habe die Augen geöffnet und da sah ich die sonderbarste Szenerie. Um ein riesiges Feuer saßen, lagen und standen eine unzählbare Menge von Tieren.

Ich dachte sofort an die Arche Noah, sie waren nämlich alle zu zweit und offenbar immer Männchen und Weibchen.

Der Rabe erschien noch einmal und mir wurde bedeutet, dass es für mich eine große Ehre sei, hier teilnehmen zu dürfen.

Ich wurde dann staunend Zuhörerin in einer Diskussion der Tiere untereinander. Nun lacht bitte nicht, es klingt ja etwas seltsam, allein die Art wie sie sprachen bzw. wie ich das verstehen konnte war ungewöhnlich. Ich wusste jeweils, was die Beiträge der einzelnen Tiere bedeuten sollten und auch untereinander funktionierte die Kommunikation nahezu telepatisch.

Noch viel merkwürdiger fand ich allerdings den Inhalt der Debatte. Kurz zusammengefasst ging es darum, dass Adler und Löwe eine Beschwerde eingereicht hatten. Sie würden in letzter Zeit ständig in Anspruch genommen von Krafttierwünschen irgendwelcher Menschen.

Das Anliegen als solches sei ja eigentlich verständlich und auch in Ordnung.

Wenn Menschen ernsthaft um Unterstützung von Tiergeistern bäten, dann hätten sie kein Problem damit, diese Unterstützung auch zu gewähren. Nun sei aber in den letzten Jahren eine Entwicklung eingetreten, dass offenbar in der Menschenwelt eine Art Massenbewegung in der Suche nach Krafttieren entstanden sei.

„Menschen, die vom Wesen der Tiere wenig oder keine Ahnung haben, laufen in Mengen in Seminare, wo ihnen der Zugang zu den Welten der Tiergeister eröffnet wird. Es kommen viele Menschen, die offenbar nicht wissen, dass immer ein Ausgleich zwischen Geben und Nehmen hergestellt werden muss. Sie scheinen zu glauben, dass man sich ein Krafttier einfach nimmt oder kauft oder so ähnlich und dass ihnen dann dieses Tier quasi gehört."

Löwe wird sehr emotional an dieser Stelle: „Sie sagen noch nicht mal Danke, es ist wirklich fürchterlich, ich bin mittlerweile völlig erschöpft, weil ich ständig angefordert werde, von mir Kraft verlangt wird, und ich dann aber nach Belieben einfach wieder stehengelassen werde."

Adler schlägt bekräftigend mit den Flügeln. „Ihr Tiere", sagt er, „ich beantrage für eine unbestimmte Zeit eine Befreiung von allen Krafttieraufgaben!" Er erzählt dann, dass offenbar viele Menschen ihn herbeiwünschen, weil sie wissen, dass er der König der Lüfte genannt wird. Die Menschen hätten offensichtlich selbst das

*Bedürfnis, sich einmal königlich zu fühlen und würden ganz blau-
äugig und ohne Skrupel den Adlergeist anfordern und beschäftigen.*

*„Unsere Spezies ist mittlerweile völlig erschöpft davon. Wir
hatten ja auch vorher schon kein ganz leichtes Leben weil die
Menschen uns in vielen Gebieten einfach ausgerottet haben.*

*Jetzt aber kommt dies noch dazu und ich beantrage Befreiung
vom Krafttierdasein für die Zeit, die wir benötigen werden, um selber wieder zu Kräften zu kommen.“*

*Die anderen Tiere haben mit Ernsthaftigkeit zugehört. Eule
hat erst ein und dann beide Augen geöffnet und beginnt nach
gebührender Pause zu sprechen. „Euer Antrag ist verständlich“,
sagt sie, „denn Ihr seid vermutlich die Tiere, die am häufigsten als
Krafttiere beansprucht werden.*

*Ich bitte aber die Gemeinschaft der Tiere, auch unter einem
anderen Blickwinkel auf das menschliche Treiben zu schauen. Diese Menschen haben bisher in ihrem Leben nicht die Möglichkeit
gehabt, guten Ausgleich von Geben und Nehmen zu lernen. Sie
kommen zu uns Tieren, weil sie lernen wollen. Wir haben somit
eine wirklich verantwortungsvolle Aufgabe. Sicherlich gibt es unter uns auch einige Arten, die noch nicht verschlissen wurden von
zu großer Anforderung nach Krafttieraufgaben. Ich schlage vor,
dass diese Arten sich melden und dass sie dann vermehrt zu den
anfragenden Menschen gesendet werden.“*

Eules Wortbeitrag erhält große allgemeine Zustimmung.

*Die Tiere einigen sich dann nach allerlei Überlegungen darauf,
dass einige unbekanntere Arten für Anfängermenschen als Krafttiere zur Verfügung stehen werden.*

Kira fühlt sich plötzlich wieder von Rabe hochgehoben und er fliegt mit ihr zur Wiese.
Dort liegt ein Päckchen, auf dem mit großen Buchstaben KIRA geschrieben steht.

Ehrfürchtig öffnet Kira das kleine Paket. Ein braunes wuscheliges Tierchen kommt zum Vorschein. Kira schmunzelt. „Ich glaube, ich habe dich schon mal irgendwo in einem Buch gesehen. Du lebst eigentlich in Australien und man nennt dich Wombat. Bist du mein Krafttier?" Der kleine nickt und scharrt mit der Pfote. Kira hat allerlei verstanden auf dieser Reise. „Ich werde versuchen, dich nur dann in Anspruch zu nehmen, wenn ich richtig Zeit habe, dich vorher und nachher zu füttern. Ich werde dich auch nur nach etwas fragen, nachdem ich mir erstmal selber den Kopf zerbrochen habe", verspricht sie ihm.

Dann, als sie der Gruppe erzählt hat, muss sie noch allerlei Beschreibungen liefern, wie denn ein Wombat eigentlich aussieht. Alle verstehen außerdem, wieso Kiras Reise länger gedauert hat, als die der anderen Krafttiersucher.

Zu bemerken wäre noch, dass an diesem Tag in dieser Runde kein Adler, kein Löwe und auch kein Bär als Krafttier aufgetaucht ist.

Die *Unterweltreise* wird uns in späteren Kapiteln dieses Buches noch zweimal begegnen.

Bei der Seelenrückholung reisen wir in diesen Raum, um verlorene Seelenanteile wieder zu finden und zurück zu bringen. Im Maskentanzseminar suchen wir in der Unteren Welt wiederum nach Tierwesengeistern, die gern von uns getanzt werden möchten.

Gabi, die schon lange mit den Trancehaltungen knifflige Situationen in ihrem Leben löst oder das zumindest versucht, erzählt ab und zu augenzwinkernd folgende Geschichte ihrer Unterwelterfahrungen:

Inspiriert von einer Freundin, die Gabi seit Monaten erzählt, sie habe ihren Seelenpartner gefunden, hat Gabi die Seelenpartnerfindung auf ihre Wunschliste für den Monat Mai gesetzt.

Nun sind die Geschichten, die Gabi von ihrer Freundin zu hören bekommt nicht unbedingt dazu angetan, sich Gleiches herbeizuwünschen. Gabi findet es hauptsächlich anstrengend und schwierig, was ihre Freundin mit dem Partner so erlebt, kann sich aber einlassen auf die Grundannahme, dass zwischen Seelenpartnern Beziehungen im Hier

und Jetzt auch nur menschliche Beziehungen sind mit viel Licht- und allerlei Schatten-
seiten.

So geht Gabi mit der Fragestellung in die Reise, dass sie gerne den Ort sehen möchte, an dem sie ihren Seelenpartner treffen kann.

Zuerst geschieht wenig, Gabi sieht allerlei Farbspiele, ein bunter Vogel fliegt eine
Pirouette und dann erscheint ein Berg. Dieser Berg hat nun gar keine spezifischen Er-
kennungsmerkmale, also denkt sich Gabi, dass doch ein paar mehr Informationen nötig sein könnten. Da sie weiß, dass es möglich ist, in der Trance um zusätzliche Informationen zu bitten, fragt sie nach, ob sie den Berg bitte deutlicher gezeigt bekommen
kann. Das Bild verschwindet kurz. Dann taucht es wieder auf in gleichen Farben und
sehr ähnlich, jetzt allerdings ist aus dem Berg eine tiefe Schlucht geworden. Da weiß
Gabi nun zunächst auch nicht weiter. Sie merkt sich die Einzelheiten der Bilder. Dann
fällt ihr noch ein, dass sie ja auch nach dem Zeitpunkt ihres möglichen Treffens mit diesem ganz besonderen Menschen fragen wollte. Nun erscheint ein hübscher Kalender,
bevor Gabi sich den genauer anschauen kann, endet aber leider die Rassel und die Reise ist zu Ende.

> *Ich habe lange über diese Bilder nachgedacht, die einzig mögliche*
> *Antwort scheint mir zu sein, dass mir gezeigt werden sollte, dass*
> *auch eine Partnerschaft mit einem Seelenpartner bergauf und*
> *bergab geht, mal im hoch zum Himmel mal tief ins Tal hinab ver-*
> *läuft.*
>
> *Die Sache mit dem Kalender hat mir aber doch zugesetzt*
> *(schmunzelt), da war ich ja so nah dran, eine wichtige Informati-*
> *on zu bekommen. Ich habe die Reise einige Tage später weiterge-*
> *führt oder wiederholt, könnte man auch sagen. Nun hatte ich ja*
> *viel Zeit, weil ich gleich zu Beginn um das Bild des Kalenders bat.*
> *Ihr kommt nicht drauf, was der Kalender mir gezeigt hat. Daten*
> *waren auf diesem Kalender leider gar nicht zu erkennen. Wie ich*
> *ihn aufschlug fand ich, dass auf allen Blättern Bilder von meinen*
> *früheren Partnern, meinem Ex-Ehemann, einer sehr von mir ge-*
> *liebten Freundin waren, nur ein Bild war dabei, auf dem war ein*
> *Mann zu sehen, den ich gar nicht kannte. Hier endet leider diese*

Geschichte: Bis heute habe ich diesen Menschen nicht getroffen ... vielleicht passiert das ja noch, ich achte jedenfalls darauf, er hat so einen markanten Haarschnitt, ich würde ihn sofort erkennen. Da aber all die anderen in diesem Kalender zu finden waren, nehme ich mal an, dass alle diese Menschen für meine Seele wichtige Partner gewesen sind. Und ganz ehrlich: Das waren sie auch oder sind es noch immer.

Diese Geschichte zeigt, wie die Geister unserer Trancehaltungen Humor haben, wenn es darum geht, dass die Menschen lernen sollen. Das kosmische Lernprogramm ist vielschichtig, folgt weder unseren Wünschen, noch ist es immer klar zu verstehen; sicher ist es aber immer auf eine gute Weise sinnvoll.

Gute Anfänge und sinnvolle Hilfe:
Die Geburtshaltung

BESCHREIBUNG DER HALTUNG: Stehend, Füße 15 cm auseinender, parallel, weich in den Knien stehen, die Hände werden mit gespreizten Fingern so auf den Körper gelegt, dass die Zeigefinder zum Nabel weisen, die Fingerspitzen berühren sich nicht, es ist als ob die Hände den Bauch halten. Spannung kann in die Hände gegeben werden, die Schultern entspannt halten, Kopf geradeaus, der Mund und die Augen sind geschlossen.

Usch ist uns schon bekann aus dem Kapitel über die Lasceaux-Haltung. Ungefähr ein Jahr später hat sie sich angemeldet zu einem Wochenendseminar über Neu-Anfänge.

Einige der Teilnehmer, die sich an diesem Wochenende versammeln, kennen sich untereinander schon aus früheren Veranstaltungen. So ist gleich eine große Vertrautheit zu spüren, als alle erzählen, was in ihrem Leben gerade geschieht und wieso sie zu diesem Thema zum Wochenendseminar gekommen sind.

Usch ist als zweite dran mit erzählen. Sie hat den Redestab fest mit beiden Händen gepackt, schaut einmal in die Runde, holt noch einmal tief Luft und sagt dann: „Ich bin schwanger".

Alle, die Usch länger kennen, haben ein Gefühl dafür, wie unendlich froh Usch über ihre Schwangerschaft sein muss. Sie hatte sich über lange Zeit so sehr ein Kind gewünscht.

Dann erfährt die Gruppe, dass Usch sicherlich sehr froh ist und den Zustand auch um nichts in der Welt ändern möchte. „Neuanfänge sind aber sicher nötig", sagt Usch, „der Vater dieses Kindes war so erschreckt über meine Mitteilung, dass wir Eltern werden, dass er sich beruflich für ein Jahr in die USA verabschiedet hat."

Das fand Usch ihrerseits so empörend, dass sie zunächst einmal allen Kontakt zu ihm abgebrochen hat.

Die Geburtshaltung

„Nun werde ich aber wohl eine allein erziehende Mutter sein", sagt Usch. Sie erzählt ein bisschen mehr darüber, wie ihr diese Tatsache nun doch zu schaffen macht. „Ich weiß ja, dass besonders die allererste Zeit und dann die erste Trotzphase im Leben eines Kindes für die Eltern sehr anstrengend sein können. Wenn ich das alles ohne Vater bewältigen muss und dann auch noch arbeite", sie schaut ein wenig Hilfe suchend in den Kreis, „ganz ehrlich, manchmal glaube ich, dass ich das kaum schaffen kann".

Nachdem alle erzählt haben, geht die Gruppe an diesem Tag in die *Geburtshaltung*. „Das ist ja schon mal ein gutes Training für mich", lacht Usch als die Leitung die Haltung erklärt, „so kann ich sicherlich vor dem wirklichen Geburtsprozess dann in einigen Monaten auch noch mal in dieser Haltung reisen."

Nachdem alle ihre Erfahrungen aufgeschrieben haben, möchte Usch gerne als erste erzählen:

Ich hatte zunächst mal ganz viel Schmerzen in der Brustmuskula-
tur, eigentlich konnte ich nicht verstehen wieso, weil doch bei der
Haltung die Brust nicht angespannt ist. Dann sah ich eine blau-
lila Blume und aus dieser Blume kletterte eine Glockenblumen-
Fee. Diese Fee gab mir ganz viel Blumen-Heilenergie. Die war in
ein kleines Fläschchen gefüllt, und mir wurde gesagt, dass ich da-
ran riechen kann, sobald mir meine Ängste vor der Zukunft be-
gegnen.

Ich konnte nicht widerstehen und habe das in der Trance sofort
gemacht. Der Duft, der aus dem Fläschchen stieg, war betörend
süß und hat mich, schwupps, in eine andere Form verwandelt. Ich
war eine Bärenmutter und hatte mein Junges bei mir. Wir liefen
durch den Wald und ich brachte meinem Jungen bei, wie es Futter
findet. Alles war sehr natürlich, sehr erdverbunden und ich habe
eine große Ruhe gespürt.

Ich habe nach dem möglichen Namen für mein Kind gefragt –
ich glaube, dass ich eine Tochter bekomme. Die Bärin hat gelacht
– anders kann ich die Mimik und Gestik nicht beschreiben –, hat
sich aufgerichtet und ich hatte den Eindruck, sie zeigt auf sich sel-

Linke Abb. (zwei Figuren): Figur einer schwangeren Göttin, mit ausladendem Gesäß und den Händen auf dem Bauch.
Sesklo-Kultur, Achilleion IV, Thessalien, um 5800 v. Chr., Höhe: 3,8 cm

Rechte Abb.: Figur aus Zentralmexiko. 500 v. Chr.-250 n. Chr., Höhe: 33 cm

ber. Das konnte ich nicht verstehen. Soll ich mein Kind etwa Bär-chen nennen?"

Tina, die neben Usch sitzt, verlangt nach dem Redestab und dreht sich zu Usch: „Weißt du, dass die Bedeutung des Namens Ursula ‚kleine Bärin' ist?"

Etwas entgeistert schaut Usch zu Tina. „Danke, nein, das wusste ich nicht, das ist ja wunderbar", sagt sie und alle im Raum sind berührt.

„Ich glaube", meint Usch dann, „in dieser Reise habe ich schon so viel Hilfe bekommen, dass ich mich gar nicht mehr so allein mit meiner Schwangerschaft fühle. Danke, Euch hier im Raum und Euch unsichtbaren Trancewesen!"

Einige Frauen aus der Gruppe versichern Usch später, dass sie gerne mithelfen werden, wenn das Kind erst da ist. Besonders Tina, die sicher ist, niemals eigene Kinder zu bekommen, die aber Kinder sehr mag, verspricht, Usch zu helfen wenn die schwierigen Phasen kommen werden.

Usch hat später wirklich noch weiter profitieren können von dieser Haltung.

Der Verlauf ihrer Schwangerschaft war zunächst einmal problemlos. Usch konnte weiter in der Klinik arbeiten, körperlich ging es ihr gut, sie freute sich sehr auf ihr Baby.

Dann, einige Wochen vor dem errechneten Geburtstermin, gab es auf einmal doch ein Problem: Das Baby will sich nicht in die richtige Haltung für die Geburt drehen. Die Ärztin führt ein Gespräch mit Usch, in dem sie eine Kaiserschnittgeburt vorschlägt.

Usch ist schockiert. Sie hat vorgehabt, ambulant zu entbinden, sie will die erste Zeit mit dem Neugeborenen ganz viel zu Hause sein und im Kreis von Freunden und Freundinnen schöne Stunden verbringen. Eine Kaiserschnittgeburt würde einen längeren Klinikaufenthalt unabdingbar machen.

Usch hat außerdem viel über natürliche Geburt gelesen und sie ist überzeugt, dass der natürliche Start ins Leben für einen Menschen das allerbeste ist.

Usch klagt Tina ihr Leid und die schlägt vor: „Lass uns doch noch mal die *Geburtshaltung* zusammen praktizieren, vielleicht bekommen wir da etwas mitgeteilt, das helfen kann."

Gesagt getan, schnell ist die Wohnung hergerichtet, Salbeiduft zieht durch den Raum. Tina ruft die Geistwesen und sie ruft in diesem Fall auch die Schutzengel und

Mann und Frau, mit Negativmalerei ornamentiert. Gefäße mit Bügelgriff und Pfeife.
Ayabaca, Peru, 300-1000 v. Chr., Höhe: 21,6 cm.

Thronende Göttin mit eingeritzen Linienmustern.
Theiß-Kultur, Südostungarn,
frühes 5. Jahrtausend v. Chr., Höhe: 21,7 cm

die Ahnengeister des ungeborenen Kindes und bittet sie darum, diesen Prozess zu unterstützen.

Beide Frauen nehmen die Haltung ein, der rhythmische Beat der Trommel kommt vom Band. Als die Reise vorbei ist und die Geister verabschiedet sind erzählt Usch:

> *Mir wurde zunächst mal der ganze Körper mit Federbüscheln umfächelt. Dann geschah etwas sehr praktisches, ich sah mehrfach das Bild meiner Yogalehrerin. Als ich damit während der Reise etwas begriffsstutzig war, wurde mir sogar eine Yogahaltung gezeigt. Dann ist es mir eingefallen, es gibt im Yoga Haltungen, die den Prozess der Drehung des Ungeborenen unterstützen können.*

Usch steht auf, so schnell sie mit ihrem runden Bauch kann und fischt ein Buch aus dem Regal. „Hier schau mal", sagt sie zu Tina, „das werde ich jetzt mal so praktizieren". Tina hat sich während der Reise auch auf das ungeborene Baby konzentriert. Sie erhielt die Botschaft: „Kleine Bärinnen brauchen manchmal etwas länger".

Das Ende dieser Geschichte: Usch hat eine Woche lang die entsprechenden Yogahaltungen praktiziert, danach hat sich das Baby doch noch in die richtige Geburtshaltung mit dem Kopf nach unten gedreht.

Bei der *Geburtshaltung* sollte weiterhin bedacht werden, dass es viele mögliche Arten von Geburten im Laufe eines Menschenlebens geben kann. Es muss sich nicht ausschließlich um die Geburt eines Kindes handeln.

Wir sind vielfältig eingebunden in Geburtsprozesse aller Art.

Ein Künstler gebiert seine Objekte, eine Malerin steckt im Geburtsprozess mit Bildern, für eine Fotografin kann eine Fotoserie einen Geburtsprozess darstellen. Eine leckere Mahlzeit erfordert oftmals eine Zeit der Vorbereitung und dann den Schaffens-, also den Geburtsprozess.

Allein der Ausdruck, „Mit etwas schwanger gehen", kann sich auf unterschiedlichste Projekte beziehen. In diesem übertragenen Sinne kann die *Geburtshaltung* Inspirationen schenken darüber, wie etwas in die Welt kommen möchte.

Der Seelenführer

Von unserer letzten Reise:
Der Seelenführer

BESCHREIBUNG DER HALTUNG: Stehend, Füße parallel, ca. 15 cm auseinander, die Knie leicht gebeugt, die Finger zusammenlegen und mit den Fingerspitzen die oberen Ohrränder berühren, die Arme sehen dabei aus wie Henkel, sie sollen möglichst rund sein im Ellbogengelenk, der Mund ist offen, das Kinn entspannt, bei Beginn des Rasselns oder Trommelns wird der Ton Ahhhh intoniert, er darf sich in alle anderen Töne wandeln, während der Trance.

Mit dieser Haltung können die Seelen verstorbener Menschen in die andere Wirklichkeit geleitet werden. Dies ist ein Prozess, der Achtung und tiefen Respekt verlangt.

In diesem Kapitel wird versucht, die Möglichkeiten der Haltung zu beschreiben. Ein umfassender Einstieg in die Gesamtthematik der Sterbebegleitung würde den Rahmen dieses Buches sprengen.

Diese Haltung sollte nicht von Anfängern und wenn irgend möglich nicht allein durchgeführt werden. Insbesondere dann, wenn eine Seele begleitet wird, also wenn es um die Unterstützung des Sterbeprozesses eines bekannten Menschen geht, scheint es angebracht, dass sich eine Gruppe zur *Seelenführerhaltung* zusammenfindet.

Wenn es um die Begleitung der Seele eines kürzlich Verstorbenen geht, oder aber wenn der Seelenweg vor dem bevorstehenden Sterben für einen schwerkranken Menschen mit Hilfe des *Seelenführers* vorgezeichnet wird, ist es sinnvoll, dass alle Mitreisenden in der Haltung ihre Aufmerksamkeit und Energie für dieses gemeinsame Anliegen zur Verfügung stellen und sich alle in der Trance auf denselben Prozess einstellen.

Für den Fall, dass mehrere Menschen ein Anliegen nach Seelenführung zu einer Gruppenveranstaltung mitbringen, sollte die Haltung dann mehrere Male durchgeführt werden, damit die einzelnen Prozesse in größtmöglicher Klarheit geschehen können.

*Tanzende Frauen auf einem spätmykenischen
Sarkophag.
Tanagra, Theben, Böotien, Grab 22,
ca. 1400 v. Chr.*

Es ist auch möglich, dass sich bei unerwarteten Sterbefällen Menschen zusammenschließen und zum gleichen Zeitpunkt an verschiedenen Orten in der *Seelenführerhaltung* den Strebeprozess begleiten. Ein Austausch über das Erlebte sollte auch hier unbedingt telefonisch oder schriftlich danach erfolgen.

Eine weitere Möglichkeit wäre, dass nur ein tranceerfahrener Mensch die *Seelenführerhaltung* einnimmt, während andere diesen Prozess durch Gebete und Meditation unterstützen.

Hier ist sicherlich noch ganz viel Forschungsarbeit zu leisten.

In den indigenen Stammesgemeinschaften, die diese Haltung nutzten oder noch heute nutzen, gab und gibt es viel Wissen darüber, auf welche Weise solche Seelenbegleitung stattfinden kann. Wenn wir uns heranwagen an etwas, das nicht mehr in unserer religiösen Tradition mit festgelegten Regeln vorhanden ist, dann bedeutet dies, dass viel Pionierarbeit nötig ist. Viele kleine Bausteine ergeben ein großes Ganzes.

Hier folgen zwei Geschichten, die so wie erzählt geschehen sind. Namen und Orte sind zum Schutz der Angehörigen verändert.

Beide Geschichten haben zum Thema, dass der *Seelenführer* dabei geholfen hat, Sterbeprozesse zu erleichtern. Die Sterbenden, um die es geht, hatten Mühe damit, den allerletzten Schritt zu gehen, sie waren todkrank, litten sehr, wussten aber nicht, wie der Abschied zu bewältigen war.

Die Geschichte von Paula

Paula wurde im Alter von 42 Jahren krank. Diagnose: Darmkrebs. Es erfolgte eine Operation, die Diagnose war verhalten positiv, bisher hatte der Krebs keine Metastasen gestreut. Nach einer Phase der Erholung, scheint Paula zu spüren, dass ihr wieder etwas fehlt. Sie ermüdet schnell, fühlt sich kraftlos. Der sie mit Naturverfahren behandelnde Arzt stellt nichts fest.

Gabi, Paulas beste Freundin macht sich große Sorgen. Sie rät Paula, sich doch noch einmal grundlegend in der Klinik untersuchen zu lassen. Als Paulas Anruf kommt, weiß Gabi sofort: die gemeinsame Zeit mit Paula wird jetzt sehr begrenzt sein. Paula hat jetzt einen Tumor in der Leber, der schon so groß ist, dass nicht operiert werden kann. In hilflosem Zorn über den betreuenden Arzt, der das viel früher hätte feststellen können, hätte er die geeigneten Testmethoden angewandt, versucht Gabi, Paula in den letzten Monaten ihres Lebens eine gute Freundin zu sein. Sie besucht Paula so oft sie kann, geht mit ihr spazieren, wenn Paulas Kräfte das erlauben, tröstet Paula, sagt ihr, dass ihr Sohn ja schon groß und selbständig ist.

Paula hat auch viel Unterstützung von ihrer Familie. Mutter und Schwester kommen und helfen. Irgendwann aber ist es soweit, Paula ist jetzt so schwach, dass sie nicht mehr alleine leben kann. Paulas Schwester nimmt sie auf, da es in ihrer Stadt eine große Universitätsklinik gibt, in der Paula gegebenenfalls gut behandelt werden kann.

Gabi trauert. Während sie zuvor nur eine Stunde Zugfahrt von Paula entfernt war, ist auf einmal eine Distanz von vielen hundert Kilometern zu bewältigen. Da Gabi ein kleines Kind hat, kann sie Paula nicht mehr oft besuchen. Sie fährt in die weit entfernte Stadt und die beiden verabschieden sich voneinander. Sie sprechen über vieles, auch über den Tod, über die Möglichkeit, sich vielleicht in einem anderen Leben wieder zu treffen. Dann muss Gabi nach Hause. Einige Tage später ruft Paulas Mutter an. „Gabi kannst du noch einmal kommen? Paula fragt nach dir". Paula geht es sehr schlecht. Sie hatte innere Blutungen, sie hat Schmerzen.

Gabi fühlt sich schrecklich. Sie hat keine Zeit für die weite Fahrt. Ihr kleines Kind braucht ihre Aufmerksamkeit.

Da hat Gabi eine Idee. Seit mehreren Jahren praktiziert sie die Trancehaltungen. Erst kürzlich hat sie in einem Seminar die *Seelenführerhaltung* gelernt. Sie könnte doch versuchen, durch diese Haltung den Übergang für Paula zu erleichtern.

Alles wird vorher besprochen. Paulas Mutter hilft auch mit. Paula wird sich zu einer festgelegten Uhrzeit auf Gabi einstellen. Gabi macht bei sich zu Hause die *Seelenführerhaltung.*

Auf Paulas Seite geschieht folgendes: Paula wird zu der Zeit, in der Gabi die Haltung für sie durchführt, sehr ruhig. Dann will sie mit ihrer Mutter sprechen, danach bittet sie darum, dass der Mann, mit dem sich während ihrer schon bestehenden Krankheit eine tiefe Liebe entwickelt hatte, zu ihr kommt. Noch während ihr Freund bei ihr sitzt und ihre Hand hält, fällt Paula in ein Koma aus dem sie nicht wieder erwachen wird. In der Nacht danach ist sie gestorben.

Gabi erfährt etwas später vom Geschehen in der Klinik. Gabi hat auch viel erlebt.

Sie hat bei sich zu Hause die Rasseltrance CD eingelegt und ist in der *Seelenführerhaltung* gereist.

> *Ich habe noch nie so viel Mühe bei einer Haltung gehabt. Mir brach der Schweiß aus, ich konnte die Haltung nach wenigen Minuten eigentlich kaum noch halten. Alles zog mich zu Boden. Ich wusste aber die ganze Zeit, dass ich in gar keinem Falle abbrechen darf. Ich musste eben einfach durchhalten. Das habe ich dann auch gemacht. Abbrechen war in diesem Falle keine Option. Das war aber nichts, was ich mir intellektuell überlegt habe. Es war ein tiefes Wissen in mir, dass das jetzt gerade so ist, anders kann ich es nicht erklären. Ich weiß allerdings, dass ich das so nicht noch einmal machen würde. Beim nächsten Mal, falls es ein nächstes Mal gibt, werde ich mehrere Menschen zusammenrufen.*

Eine vorsichtige Interpretation des Geschehens: Gabi hat Paula ihre Kraft und die Wirksamkeit der Haltung zur Verfügung gestellt. Mit dieser Unterstützung war es für Paula dann möglich, sich auf den Weg zu machen, der für viele von uns der schwerste ist, weil wir das Ziel nicht kennen.

Die Geschichte von Frau Müller

Nachdem Gabi die oben erzählte Erfahrung mit dem *Seelenführer* machen durfte, ist sie von der Wirksamkeit der Methode felsenfest überzeugt. Gleicherweise hat sie aber auch große Achtung vor dem Geschehen.

Ca. zwei Jahre später ist eine Nachbarin von Gabi schwer erkrankt. Gabi ist ein einziges Mal in der Wohnung von Frau Müller gewesen und hat dort erstaunt festgestellt, dass eine große Statue, die eine bekannte Trancehaltung darstellt, in einer Ecke des Wohnzimmers den Raum schmückt. Auf vorsichtiges Nachfragen erhält Gabi eine Antwort, die ihr sagt, dass die Besitzer keine Ahnung haben, was sie da in ihrem Wohnraum beherbergen.

Nun auf einmal ist Frau Müller sehr krank. Sie ist monatelang nicht mehr draußen zu sehen gewesen. Nur das Geräusch ihres Fernsehers macht deutlich, dass jemand in der Wohnung lebt. Irgendwann als Gabi heimkommt, erschreckt sie sich total. Frau Müller sitzt draußen auf einem Gartenstuhl in der ersten Frühlingssonne, sie sieht gespenstisch blass aus, ausgezehrt und sehr krank. Einige Tage später trifft Gabi vor dem Haus Frau Müllers Tochter, die erzählt, dass ihre Mutter sich weigere in ein Krankenhaus zu gehen, dass es aber sicherlich mit ihrem Tod nun nicht mehr sehr lange dauern könne, da Frau Müller nun schon um ein halbes Jahr länger lebe, als ihre Ärzte prognostiziert hatten.

Zufällig ist Gabi in der folgenden Woche mit Hanna, die sie aus der Trancegruppe kennt, verabredet.

Gabi erzählt Hanna, dass sie deutlich das Gefühl hat, dass hier der *Seelenführer* Heilung und Hilfe bringen könne. Beide überlegen lange, wie sie ein Ritual gestalten können, indem sie Hilfe anbieten, ohne sich aufzudrängen. Immerhin sind sie nicht direkt gefragt oder gebeten worden, etwas zu tun. Gabi meint allerdings, dass die Tochter von Frau Müller schon nach Hilfe nachgefragt hatte, sie hatte sich im Gespräch mit Gabi nämlich danach erkundigt, ob Gabi nicht noch spezielle Ärzte kenne. „In gewisser Weise ist der *Seelenführer* doch so etwas wie ein Heiler, also ein alternativer Arzt", erklärt sie Hanna.

Die beiden beschließen, nachdem sie zuvor noch ein Orakel befragt haben, dass deutlich positiv antwortet, dass sie einen Versuch machen wollen. Sie einigen sich auf folgendes: Gabi wird die *Seelenführerhaltung* einnehmen, deutlich vorher sagen, dass sie sich nicht als jemand sieht, der über Leben oder Sterben befinden kann, dass dieser

Seelenführer sozusagen zum kosmischen Gebrauch jedwedem Wesen offen steht, das ihn gerade für sich nutzen möchte.

Nachdem Hanna sie auf eine mögliche Überlastung bei dieser kosmischen General-einladung aufmerksam gemacht hat, bittet Gabi zusätzlich darum, dass sie nicht mehr in der *Seelenführerhaltung* tragen muss, als sie mit den ihr gegebenen Kräften aushalten kann.

Hanna wird die *Bärenhaltung* einnehmen, die generell Heilung ermöglicht. Hier ist zuerst der Bericht von Hanna:

> *Ich laufe durch eine eigenartig kühle Landschaft. Es gibt nur hel-le, kahle Felsen. Die Farben sind weiße und schwarze Schattie-rungen. Vor mir breitet sich ein schwarzer See aus und ich fühle, ich soll durch diesen See gehen. Ich wate hinein, es ist schwarzer Schlamm, die Konsistenz ist wie schwarzes Rohöl. Ich tauche bis zur Hüfte in diesen Schlamm, in der Mitte bekomme ich Angst, dass ich es nicht mehr zurück schaffe. In diesem Moment ergreift mich ein starkes Gefühl: Unsagbare Schwere, Apathie, eine Trau-er, wie ich sie selbst nie gefühlt habe, absolute Leere im negativen Sinn, ohne jede Freude oder einen Lichtstrahl.*
>
> *Diese Empfindung ist für mich völlig neu, fremdartig, ich wusste nicht, dass ein Mensch sich so fühlen kann. Ich gehe wei-ter und stakse aus dem Schlamm heraus. Eine alte Frau sitzt vor mir in einem Schaukelstuhl, sie hat weißes Haar, trägt graue Klei-dung, ihr Gesicht ist faltig und eingefallen, sie schaut teilnahmslos vor sich hin. Sie sitzt reglos. Ich gehe hinüber, hocke mich vor sie hin und spreche sie an. Dann sehe ich nach links, von dort kommt Gabis Ton, der unentwegt anhält. Ich kann jetzt Gabi in dem Bild, das ich habe, auch sehen, sie steht links von uns hinter dem See.*
>
> *Ich schaue hinüber, eine zarte Rundbrücke mit hübschen Mo-tiven führt in einem Bogen über den Schlammsee. Die Brücke ist aus hellem, geschnitztem Holz, rustikal und wirkt irgendwie sehr vertrauenerweckend. Sie strahlt eine einladende Wärme aus.*

Auf der anderen Seite der Brücke steht Gabi und singt den Ton. Ein Fußweg führt von der Brücke an Gabi vorbei, zwischen kleinen Felsen hindurch auf einen Berg zu, dann weiter um den Berg herum.

Ich gehe zu dieser Brücke, stelle mich in der Mitte hin und rufe der Frau zu, dass es hier wunderschön ist, alles ganz toll aussieht und sich liebevoll anfühlt. Ich rufe und rufe. Sie sieht mich nicht, sie hört mich nicht, sie reagiert nicht.

Ich gehe wieder zurück. Als ich mich noch mal umdrehe, steht auf einmal die Frau schon auf der Brücke und sieht hinüber zu mir. Ich winke, nicke und rufe „Ja, ja" und feuere sie an. Ich fürchte, dass Gabi aufhören könnte, den Seelenführerton zu singen. Ich weiß, dass dann das Bild verschwinden würde, Gabis Ton hat eine sehr starke Kraft und die ist nötig, um das Bild zu halten. Die Frau geht langsam weiter, an Gabi vorbei. Ich fühle mich nervös, hoffe, dass sie nicht anhält und dass auch die Trancereise lang genug dauert für diesen Prozess.

Die alte Frau läuft den Weg langsam hinauf, sieht sich noch einmal um, bevor sie um die Ecke, das heißt hinter dem Berg verschwindet. Dann ist sie nicht mehr zu sehen, ich drehe ich mich wieder dem Schlamm-See zu und in genau diesem Moment endet Gabis Gesang.

Ich wate durch den See, habe Panik, dass ich stecken bleibe, aber dann bin ich schon auf der Wiese, die ich kenne. Dort steht der Bär. Ich stehe ihm gegenüber und kann ihn jetzt fragen, was ich ihn wegen eigener Belange fragen wollte.

Zusatzbemerkung von Hanna:

Den Weg, den die alte Frau in dieser Trance gegangen ist, habe ich bereits in einer früheren Seelenführertrance gesehen, die ich seinerzeit für meine Großmutter gemacht habe. Der Ton erzeugt ein dickes rundes Energie-Rohr, wie einen Tunnel vom Diesseits ins Jenseits. An diesem Tunnel entlang können Seelen auf diesem Weg „um die Ecke biegen". Bei meiner Großmutter habe ich mich dabei erwischt, wie ich ihr hinterher gegangen bin. Ich habe um die Ecke geschaut und sah kurz die wunderschöne Landschaft, aber dann musste ich die Haltung abbrechen, weil ich körperlich total erschöpft war.

Gabi berichtet:

Ganz entgegen meinen sonstigen Erfahrungen mit Trancehaltungen, habe ich fast keine Bilder gesehen. Ich brauchte alle Kraft und Konzentration dafür, den Ton zu machen. Der hat sich ja mehrfach geändert, vom anfänglichen Ahhhhhhhh zu Ohhhhhhh und dann sogar zu einer Art eu-u-eu- u-eu. Irgendwie ein Heulton. So sollte es aber sein. Es schien, dass ich darauf keinen Einfluss hatte, keine bewusste Entscheidung, wie der Ton sein sollte.

Die Nachbarin von Gabi ist zwei Wochen später gestorben.

Gestalten in Form eines Stundenglases beim rituellen Tanz im Inneren einer Vulva oder Samenkapsel.
Gefäßmalerei, späte Cucuteni-Kultur, Brinzeni-Tsiganka, Westukraine, um 3800-3600 v. Chr.

Hier noch die Seelenführerberichte einer Trancegruppe, die an einem Wochenende stattfand, an dem bekannt wurde, dass eine gemeinsame Trancefreundin vor kurzem verstorben war.

1. Teilnehmerin:

Sah, wie die liegende Acht immer wieder schnell durchlaufen wurde. Wusste damit, dass es eine gute Energie gab. Konnte Engelwelten zunächst fühlen, dann auch sehen. Keine Trauer, alles ist gut.

2. Teilnehmerin:

Mir wurde total schwindelig. Dann sah ich eine Seeanemone, die sich immer abwechselnd öffnete und wieder schloss. Mosaike aus Blüten ergaben ein wunderbares Muster. Weit entfernt konnte ich die Lichtsäule sehen.

3. Teilnehmer:

Ich sah einen Totempfahl. Durch das Tönen mit offenem Mund hatte ich das Gefühl, den Atem auszuhauchen und dabei jemanden zu begleiten. Der Bär wies in den Wald hinein. Ich musste mich setzen.

4. Teilnehmerin:

Die Reise war sehr anstrengend. Ein Vibrieren geht durch den ganzen Körper. Dann hat sich die Erde aufgetan. Rechts standen Särge. Ein Regenbogen wird sichtbar. Viele Gestalten gehen über den Regenbogen. Nordlichter sind zu sehen. Die Gestorbene war auch stellvertretend für die Ahnenseele meiner Familie. Ich musste die Arme entlasten. Danach schwamm ich heraus aus der Enge. Kam an einen Sandstrand. Aus meinem Bauch kamen kleine Wesen. Zum Schluss sah ich mich hoch oben auf den Klippen. Ich war jetzt sehr hell und leicht.

The Tennessee Deviner / Der Wahrsager von Tennessee

Ein großes Fest: Vom Maskentanz

Maske – Verwandlung
Neues Gesicht – neue Person
Ich verwandele mich

Wie es dazu kam, dass Felicitas Goodman den ersten Maskentanz ins Leben rief, erzählt sie ausführlich in dem Kapitel „Wie man Feste feiert" in ihrem Buchklassiker „Wo die Geister auf den Winden reiten".

Sie war inspiriert von den Tänzen, die sie aus den indigenen Gemeinschaften ihrer Nachbarn in Cuyamungue, den Pueblo-Indianern kannte. Seit diesem ersten Maskentanz mit Trancehaltungen im Jahr 1985 hat es viele Nachfolgetänze gegeben.

Am Beispiel eines Maskentanzes wird deutlich, wie vielfältig die Trancehaltungen verwendbar sind. Es ist immer wieder neu und faszinierend, wie sich aus den Berichten der Teilnehmer eine sinnhafte Choreographie abzeichnet, wie deutlich wird, welche Elemente aus Mythen und Wirklichkeit miteinander verwoben und wie durch magische Kräfte gesteuert ins Leben geboren werden.

Ein Maskentanzseminar dauert ca. vier bis sechs Tage. Bis zum krönenden Abschluss der Tanz mit den Masken aufgeführt wird, ist viel zu tun. Hier die einzelnen Schritte:

Die Teilnehmer machen als erstes gemeinsam eine *Reise in die Unterwelt*, um zu erfahren, welches Tier jeder einzelne verkörpern soll.

Man stelle sich vor, dass der Geist eines Tieres sich bemerkbar macht. Das Tier wird bildhaft gesehen oder als Tierform erspürt. Manchmal müssen wir nach der Reise noch durch Sprechen über das Erlebte ein wenig forschen, grundsätzlich aber weiß jede Teilnehmerin nach der ersten Reise, welches Tier sie im Tanz verkörpern wird. Welcher Tiergeist ruft, durch Maske und Gewand dargestellt zu werden?

Das Rufen der Geister

In der nächsten Trance wird nach der Choreografie und nach den Themen des Tanzes gefragt.

Für diese Fragestellung nutzen die Seminarleiterinnen und Teilnehmer gewöhnlich die Fähigkeiten des *Wahrsagers von Tennessee*. Er ist der Spezialist für Fragen nach rituellem Geschehen.

Auf wunderbare, märchenhaft anmutende Weise webt sich aus den Erzählungen der Einzelnen eine Geschichte, oft wird ähnliches gesehen, oft ergänzen sich die gesehenen Bilder.

Am Ende entsteht die choreografische Abfolge für den ersten Teil des gemeinsamen Tanzes.

Menschen, die schon mehrere Maskentänze miterlebt haben, wissen um die ungeheure Vielfalt der Möglichkeiten dessen, was sich im einzelnen Tanzgeschehen in die Welt gebären kann.

Zur Frage, wie am besten die Choreografie aus den erzählten Reisen gefiltert werden kann, kommen wir später.

Die Gruppe macht sich in der Folge nun an den Maskenbau. (Praktische Tipps zum Maskenbau finden sich im Anhang dieses Kapitels.) Durch das gemeinsame Tun beim Werken und Basteln wächst die Gruppe näher zusammen, es liegt ein Schleier der Verzauberung über dem Ganzen.

Auch Menschen, die vorher von sich angenommen haben: „Maskenbau – das kann ich nicht", formen ihre Masken, als ob sie es vorher oft getan hätten.

Wunderbare Werke entstehen. Der Geist der verkörperten Tiere kommt immer deutlicher zum Ausdruck. Die Menschen kommen beim Basteln im Laufe der Vorbereitungstage dem dargestellten Tiergeist innerlich immer näher, während im Außen Maske und Kostüm heranreifen. Es ist ein Prozess der Verwandlung auf vielen Ebenen.

Dann ist es endlich so weit: Am Tag des Tanzes liegen alle Masken feierlich in einer Reihe, bereit getragen zu werden. Nun wird die dritte, für jeden Maskentanz obligatorische Körperhaltung gemacht: *Das Rufen der Geister*. Danach sind die Masken beseelt, der verkörperte Tiergeist hat in die Maske Einzug gehalten. Die kostümierten Tänzer und Tänzerinnen nähern sich unter den Schlägen der Trommel ihren Masken. Dann werden die Masken aufgesetzt. Und nun beginnt der vorher choreographierte und von der Gruppe auch einmal zuvor erprobte Teil des Tanzes. Auch während des zuvor fest-

Knieender Mann,
Temple Mound, Tennessee, 1200-1600 n. Chr.

gelegten Tanzteiles ist einiges an Improvisation möglich und oft auch nötig. Ein Maskentanz lebt davon, dass sich die Tänzer immer mehr in das Tierwesen verwandeln, das sie mit Maske und Kostüm auch äußerlich verkörpern. Da ja erst im Tanz auch der Geist des Tieres herbeigerufen wird, ist der Tanz zuvor nicht durch eine Generalprobe wirklich zu erfassen. So geschieht es häufig quasi von Zauberkraft geleitet, dass erst während der Tanzschritte die Tiere verstehen, was sie gerade zum Ausdruck bringen. So wird etwas in diese Wirklichkeit geboren, was zuvor verschleiert war. Später wenn alle Tänzer vom Erleben berichten, hören wir oft, dass scheinbar eine höhere Macht alles ineinander verwoben hat, es ist ein absolut magisches Geschehen. Dann beginnt, nachdem alles zuvor Geprobte getanzt ist, der freie Teil: zum Beat der Trommel bewegen sich alle Tiertänzer so wie die Metamorphose in ihr tierisches Wesen es von ihnen fordert, sie ertanzen sich, wozu sie inspiriert werden. Tiere und Fabelwesen bewegen sich umeinander, manchmal miteinander, dann wieder allein.

Irgendwann fällt der erste Tänzer zu Boden. Das bedeutet, dieses Tiertänzerwesen hat seinen Tanz beendet. Die Trommel schlägt noch so lang, bis irgendwann alle Tänzer am Boden liegen. Da ist es dann vorbei. Gut, wenn nun viel Zeit bleibt, um sehr behutsam im Kokon der ertanzten Energie alles nachschwingen zu lassen. Gut, nicht zu schnell in menschlicher Sprache erzählen oder gar erklären zu müssen. Alle sind erschöpft, beseelt, glücklich. Es ist vollbracht. Das, was für diesmal aus der Geistwelt aufgetragen wurde, ist nun auf die Erde getanzt worden.

Maskentanz – Berichte und Eindrücke

Die Adlerfrau Andrea berichtet vom Maskentanz am 22.-27.6.2007 im Forsthaus Scheuren in der Eifel unter Leitung von Ki Salmen.

Die erste Trance-Haltung ist die Seelenreise nach Harner: Welches Tier will von mir getanzt werden?

Ich bin sofort in den Bergen in einer kargen Ebene. ... Viele Vögel tauchen rasend schnell auf, eine Eule, Schmetterlinge, ein Engelwesen ... dann kommen viele alte Frauen und walken mich wie Teig. „Hochzeitskuchen, Hochzeitskuchen", sagen sie, singen sie. Aus mir werden Kugeln geformt, die an einen riesig großen Adler gegeben werden, eine nach der anderen. Der Adler frisst mich Kugel für Kugel auf, ich sehe ihn dabei ganz klar. Er fliegt um mich herum, zeigt mir seinen einsamen Berggipfel, nimmt mich mit auf seinen Flug. Ja, der Adler. Ja. Eine Adler-Frau.

Jetzt bin ich fast ganz verspeist, das Loslassen, Sich-Überlassen fühlt sich so gut an.

Nach einer Pause kommt die Adler-Frau zurück, „Du bekommst etwas von mir", sagt sie und legt mir ihre beiden Jungen unter die Achseln, zwei kleine flauschige Adler-Küken. „...Du sollst für sie sorgen. Die Geflügelten brauchen das Gleichgewicht zurück ..."

Dann setzt sie sich mitten auf meine Brust. Sie ist ganz leicht und gar nicht mehr so riesig groß. Es ist sehr schön, sie dort sitzen zu spüren.

Die zweite Trance-Haltung ist der Wahrsager von Tennessee. Zur Choreografie des Tanzes:

Die Anweisungen des Wahrsagers von Tennesee sind klar und deutlich, er spricht in meinem Kopf.

Alle Tierwesen sind in der Schildkröte, dort heraus werden geboren: Eisbär, Antilope, Adlerfrau, Delphin, Strauß, Schmetter-

ling, Weiße Wölfin, Wolf, Schildkröte. Jedes Tier tanzt seine Geburt und nimmt einen Platz im Kreis ein. Dann tanzt jedes Tier sein Heilungs-/Nährungs-/Give-Away-Ritual für die Welt und der Kreis gibt dazu unterstützende Kraft in Form von Lauten, Tönen, Bewegungen, die zuvor vereinbart wurden. Dann: Alle zusammen sollen ein Mandala tanzen, ich sehe einen Kreis, in der Mitte mit den Armen zusammenkommend, dann wieder nach außen führend usw. und höre dazu gemeinsame Töne. Alle legen sich auf die Erde und geben ihre Heilungs-/Nahrungs-Kraft wieder zurück an die Erde. Zum Schluss müssen alle „vergehen", „verglühen", in einem Stern liegend, ich sehe funkelnde Glimmer von den am Boden Liegenden aufsteigen, bevor sie in die Erde hineinsickern.

Zu meinem Tanz der Adler-Frau:

Sie umfängt mit ihren Schwingen, wärmt, gibt Nahrung. Gibt Licht (legt die Hände auf, wie beim Reiki) und verteilt dieses an die Welt.

Ki's Frage: Was ist mit Eule und Kojote? – Die Eule soll da sein, es ist ausreichend, wenn sie in ihrer Eulen-Essenz präsent ist.

Die Frage taucht auf: Was ist mit den kleinen Tieren?

Alles soll eher in Ruhe geschehen, Ausgeglichenheit, Gleichgewicht.

Die Tiere sollen keine aggressiven Schreie oder Bewegungen machen, denn „Aggressionen haben die Menschen auf der Erde genug.

Das Anfertigen der Maske:

Meine Adler-Frau ist zunächst nicht zu sehen, der Ton ist eine feste unformbare Masse, bis ich einen kleineren, feuchteren Teil nehme, Christa drückt grob einige Umrisse hinein, erklärt ein wenig dazu, und schon sehe ich eine Ahnung eines Adler-Kopfes. Irgendwie stimmt es aber nicht. Ich forme und drücke, lasse meine

Hände tun, ohne zu denken, und nehme einige Zeit nichts mehr um mich herum wahr. Es ist ganz klar, dass ich den Adler-Kopf auf meinem eigenen Kopf tragen muss, nicht vor meinem Gesicht; die Adler-Frau verlangt nach Größe, Überblick. Als Christa verstanden hat, wie ich es machen will, finden wir zusammen eine Möglichkeit der Grundform, die Herausforderung des Schnabels bestehe ich ebenfalls mit ihrer Hilfe. Im zum Glück vorhandenen Buch sehe ich noch mal nach, wo genau die Augen sitzen, wie die Atemlöcher geformt sind. Der Schnabel ist eindeutig länger als ein normaler Adlerschnabel, aber diese Adler-Frau verlangt ausdrücklich einen besonders ausgeprägten Schnabel. Als ich die Papp-maché-Masse auflege, verwachse ich beim Verstreichen und Anformen immer mehr mit der Tiermaske. Meine Hände und die Maske werden so vertraut miteinander, dass ich die Berührung jetzt, Tage später beim Aufzeichnen noch spüren kann.

Dann, nach dem Trocknen mit dem Fön, werde ich nach der fast meditativen Ruhe des bisherigen Prozesses nun plötzlich sehr aufgeregt. Es geht daran, die Maske vom Tonrohling zu lösen. Christa macht es – so behutsam und geduldig und immer wieder langsam, drückend, tastend, formend, schiebend, dass die Tonform Stück für Stück herauskommt. Natürlich hängt sie beim Lösen des Schnabels fest, so dass wir die Maske umdrehen und vorsichtig mit dem Messer nun Tonstück für Tonstück herausschälen. … Schließlich gleitet der Rest einfach ab – und die Adler-Frau-Maske ist geboren. Sie ist komplett, alles ist gut. Ich bin total glücklich und erleichtert.

Es war auch sehr spannend, das Entstehen und die „Geburten" der anderen Tiermasken mitzuerleben.

Zur Gestaltung der Maske:

Die Anfertigung des Feder-Schleiers unter der Über-Kopf-Maske und das Anbringen der Federn, Stück für Stück, fragil und

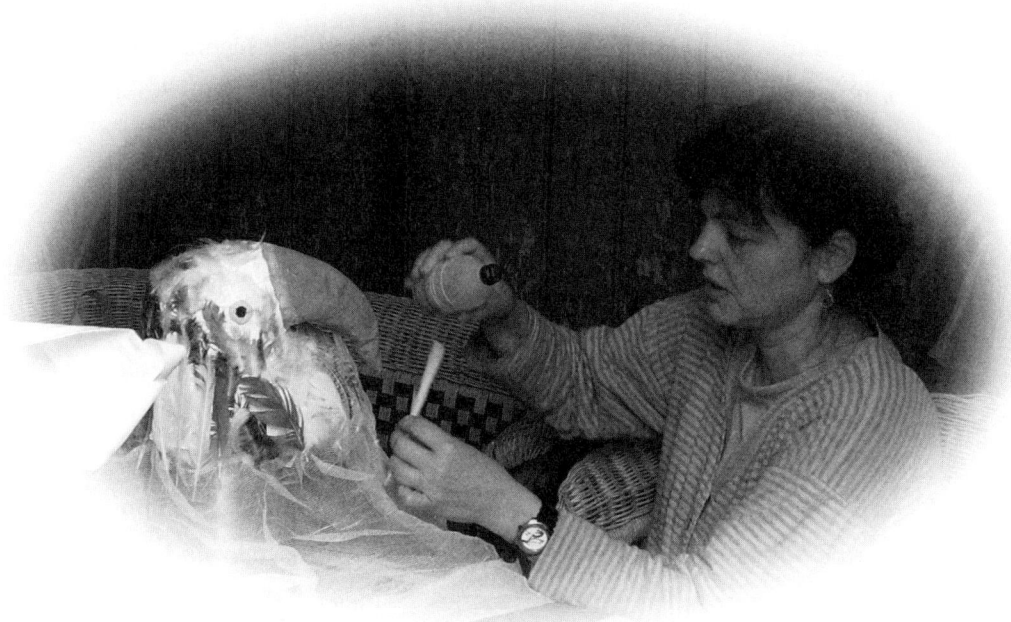

leicht, kaum zu fassen, mir aus den Händen gleitend und bei Kontakt mit Klebstoffflüssigkeit schnell unansehnlich und struppig werdend, fordern mich sehr. Es ist sehr leicht und entspannend, mit Pinsel und Farbe die Augen und den Schnabel zu schaffen. Irgendwann stimmt es, ist komplett und vollständig. Mit der Zufriedenheit über das Gelingen der Maske wächst das Vertrauen, sie auch angemessen tanzen zu können.

Als dritte Trance-Haltung folgt the Standing Woman of Jalisco: Was möchte sich zu unserem Maskentanz jetzt weiter zeigen?

Ich reite schnell, sehr schnell durch eine ebene Landschaft, es geht mit Hochgeschwindigkeit hinauf auf einen sehr hohen, einsam stehenden Berg, oben ein weiter Blick auf das ringsum liegende Land: Erloschene Vulkane, Krater, schwarze Löcher, verdorrtes Land, vertrocknete Risse in Flussbetten, alles ist tot, es gibt keine Vegetation. Dieser Blick ist weit und dauert lange, ich verspüre Entsetzen und große Einsamkeit, Traurigkeit, Verzweiflung. Ich bin die Adler-Frau. Ich rufe, rufe, rufe, die Töne formen sich leiser und lauter aus meinem geöffneten Mund, ich höre die anderen Stimmen im Raum – es ist ebenfalls ein Rufen, alle gemeinsam singen sie heilende Gesänge für dieses erloschene Land, das Rufen wird immer stärker, energetischer, dringender. Wir rufen die Füchse, die Gänse, die Eichhörnchen, die Fische, das Wasser, die Pflanzen, immer lauter und drängender, starke Kraft ist im Raum, es ist kaum auszuhalten. Mir wird sehr, sehr heiß. Zuerst kommt ein einzelner Kojote oder Fuchs (?), dann ganz viele seiner Art, sie stimmen in das Rufen mit ein. Zum Schluss laufen aus den Augen der Adler-Frau Tränen (auch aus meinen eigenen Augen laufen Tränen) und damit kommt das Wasser in das Land, schließlich die Menschen, ich sehe viele verschiedene säugende Tiere, ein Paar mit ihrem neugeborenen Baby, ich sehe Pflanzen, Quellen.

Tanz-Meditation – mit dem Tier tanzen: Welche Botschaft hast Du für mich über Frieden und Liebe?

Für Frieden braucht es Weitsicht in jede Richtung, den Weitblick und die Sanftheit der Adler-Frau.

Für die Liebe braucht es die Sinnlichkeit auf jeder Ebene.

Vierte Trance-Haltung: Rufen der Geister – in die Maske.

Es kommt sofort ein Ton, zart und leise, und ich bin in einer dunklen, organisch geformten, gerillten Röhre, durch die ich rutsche wie auf einem Bob. Der Ton begleitet mich durch die Röhre, und ich komme auf dem aktiven Vulkankrater oben auf dem hohen Berg heraus, der, wie ich jetzt weiß, das innere Feuer der Erde birgt. Dort muss ich hinunter, um die Adlerfrau zu holen, dort unten, wo der Feuer-Adler im Erdinneren sitzt.

Ich springe irgendwann tatsächlich hinunter in schwarzen Rauch und komme bei dem feurigen riesigen Adlerkopf des Feueradlers an, er hat große feurige Augen und Federn aus roten Flammen und rot glühender Glut. Mein Ton singt die Bitte um den

Geist der Adler-Frau, laut und kraftvoll wird er, und ich erhalte eine weiß-schwarze Feder, mit der ich auf meinem Ton wieder aus dem Krater heraustöne. Oben lege ich die Feder in die Erde hinein und singe die Adler-Frau herbei, sie gestaltet sich mit meinen Tönen aus der Erde heraus, ich sehe sie deutlicher und deutlicher, dann ganz klar. Dann singe ich sie in die Maske hinein, lade sie ein, pfeife sie mit einziehendem Atem hinein, viermal. Sie ist da.

Meine Töne singen sie willkommen. Zärtlichkeit, liebevoll nehme ich sie wahr, sie ist jetzt da. Sie spricht zu mir, von Weitsicht und Gelassenheit.

Adlerfrau's Maskentanz

Es ist dämmerig, die schöne blaue Stunde, und es hat endlich aufgehört zu regnen. Majestätisch schreite ich ums Feuer, begrüße den Trommler. Ich fühle mich schön und stolz. Eule und Wolf

sind schon draußen, nach mir kommen die anderen auch. Wir bewegen uns jedes auf seinem Platz rund um das kleine Feuer. So kommt jedes Tier in die Traumzeit dieses Tanzes hinein. Wir schreiten alle gemeinsam zur großen Wiese, wo wir einen Kreis bilden, in dem jedes Tier seinen Heilungstanz für die Welt tanzt. Die Adlerlaute kommen immer mehr aus meiner Kehle und nicht mehr aus meinem Denken heraus. Mit den Tönen schreitet die Verwandlung von der Menschenfrau in die Adlerfrau fort. Der Trommler ist mitgekommen, er begleitet uns, ich spüre seine Präsenz, obwohl das Trommeln eher zurückhaltend und keineswegs dominant ist. Ich fliege durch den Kreis, meine einsamen Runden, ich höre die anderen nicht summen, sie strecken mir alle nacheinander die Hände entgegen, ich lege jedem Tier die Hände an die Hände. So ist es sehr schön. Ich spüre den Impuls, jedes Wesen mit meinen Schwingen zu umfangen, zugleich nehme ich die Adler-Natur wahr, die Abstand halten muss.

Der Teil des Raufens von Wölfen und Bär und des spielenden Delphins ist spielerisch und leicht, sehr schön anzuschauen. Es ist gut, dass ich so einen weiten Überblick über alle habe, mein Blick fühlt sich scharf und klar an. Die Schildkröte – Mutter Erde – bekommt Lebensenergie und Kraft aus den Händen von allen. Die Eule führt uns zu dem darauf folgenden Bändertanz als Mandala um den Kirschbaum – es ist sehr schön, alle wickeln ihre Bänder um den Baum, nachdem wir um ihn herumgetanzt sind.

Wir tanzen weiter, im Schlangenlinientanz zum Feuer- und Schwitzhüttenplatz, wo wir in Form einer Acht um die beiden Plätze tanzen, die Verbindung von Feuer und Erde tanzen. Sehr schön und intensiv. Danach das Stern-Mandala zu tanzen ist wunderschön und kraftvoll. Wir tanzen die Energie des Lebens, die die Erde wie die Welle hoch und nieder schwingen lässt. Hierbei komme ich richtig außer Atem, und den richtigen Pfad auskundschaftend, leitet die Adlerfrau die anderen zum Feuer zurück.

Das Feuer ist ausgegangen, und die Weiße Wölfin kümmert sich darum, es wieder zu entfachen, alle gemeinsam geben wir Energie, Kraft und Atem, Wedeln mit Flügeln und Pfoten, dass es wieder brenne. Und es lodert auf! Unsere Stimmen werden lauter, es ist ein sehr energetischer Moment. Gemeinsam entfachen und halten wir die Kraft für die Erde.

Die Krähen sind da, sie krächzen oft und laut und nehmen ihren Anteil am Geschehen. Im Wald knackt und raschelt es, die kleinen Tiere sind dort und nehmen ebenfalls teil.

Mein Opfer ans Feuer sind die Maiskörner als Zeichen der Nahrung für die Geister und als Nahrung für Mutter Erde. Die Nahrung die ich geben kann: Aufmerksamkeit, Achtsamkeit, Liebe und Weitsicht der Adlerfrau. Jedes Tierwesen gibt sein Opfer ans Feuer.

Mein freier Trance-Tanz geschieht dann im weiteren, völlig aus Raum und Zeit gelösten Raum, in mehreren Teilen. Ich drehe mich, komme sofort in Trance, bin bei der Adler-Frau, aber durch die anderen Tiere und den Kontakt mit ihnen auch immer wieder abgelenkt. Unter der alten Eiche beim Feuer wird es mir zu eng, so wenig Platz für all die Tierwesen. Mein Flug über die große Wiese ist befreiend und voller Lebensfreude. Danach tanze ich an verschiedenen Stellen in der Nähe der anderen, immer um Ausblick und etwas mehr Raum um mich herum bemüht, ich brauche deutlich den gebührenden Abstand zu den anderen. Dennoch bin ich in Kontakt mit ihnen, beobachte sie, bin bei der Erdenergie, beim Feuer, wachsam. Die Trommel leitet mich, ich bin schließlich ganz mit der Trommel verschmolzen, komme ins Schütteln, irgendwann kommen Töne einfach aus mir heraus, keine geformten Adler-Laute mehr, eher ein Joiken, ein Ur-Gesang, es schüttelt mich und tönt mich ... Dann wird das Tönen ein Heilungsgesang für die Welt, für Mutter Erde, ein Dankgesang ans Feuer.

Ich fliege noch einmal über die Wiese und komme dann zurück in die Position der Beobachterin. Strauß und Weiße Wölfin verharren in Stille in der Nähe des Feuers, die Schildkröte steht still im Hintergrund, der Wolf und der Bär tanzen immer noch ihren freudigen Tanz. Die Antilope ist immer wieder in ihren einsamen Kreuzschritten versunken, lange nehme ich die Präsenz der Eule am Feuer wahr. Der Schmetterling wogt in einer neu gefundenen Ruhe-Bewegung auf und nieder, einzig der Delphin ist ungebrochen quirlig und munter. Es ist schön, sie alle wiederzusehen. Ich nehme dann wahr, dass einige Tiere den Tanzplatz verlassen. Bin dann aber wieder schnell versunken im Wiegen zu den magischen Trommeltönen, wiege die Welt hin und her, drehe dann langsam, ganz langsam noch eine Runde ums Feuer herum, Verneigung vor dem Feuer, achtungsvoll erheben sich meine Schwingen zu den Ahninnen und Ahnen, Dank an die Welt.

Bin danach, bis alle anderen ebenfalls zurück im Raum sind, noch lange im Dialog mit der Maske. Als wir uns trennen sollen, spüre ich Ablehnung, ich will nicht herausgedreht werden aus dieser Zauber-Zeit, ich will mit der Adlerfrau eins bleiben, gerade habe ich sie doch erst gefunden, die Zeit war so kurz, viel zu kurz.

Sie sagt, sie bleibt bei mir. Sie wird mir helfen, die Gelassenheit, den Weitblick und die Liebe der Adler-Frau zu halten ... Ich bin danach sehr stillebedürftig, sehr berührt und dankbar.

Hier endet der Bericht von Adlerfrau.

Es folgt der Bericht von Eule aus dem gleichen Maskentanzseminar, geschrieben von Gabi.

Eulen-Augen-Blicke: Metamorphose im Tanz

Der Beat der Trommel schlägt im monotonen Rhythmus, wir Tanzen den choreografierten Teil des Tanzes. Ich bin Teil der tanzenden Gruppe. Ich tue, was vorab verabredet wurde und bewege mich in Mandalas, bewege mich um den Baum, bewege mich die ganze Zeit.

Das Eulen-Ich in mir will anderes. Das Eulen-Wesen will schweigend auf einem Ast sitzen und schauen. Das Eulen-Wesen will kein Getriebe der Welt. Das Eulen-Wesen weiß, dass nichts zu tun ist. Irgendwann ist der verabredete Teil des Tanzes vorbei. Alle Mandalas sind gelaufen, alle Bänder sind geknüpft und verknüpft. Die Tiere haben ihre Stimmen erhoben und mit ihrem Lied der Schöpfung gedankt. Endlich — Eule ist jetzt frei. Ich tauche ein in die Ruhe, die in mir schon lange sein wollte, ich werde zur großen weißen Eule. Ich fliege auf einen Ast, ich sitze dort und bewege mich nicht, ich schaue. Ich schaue auf das Treiben der Welt, ich bin nicht Teil davon. Dann schließe ich sogar meine Augen. So ist es richtig für mich. Später in der Nacht, in der Dunkelheit will ich fliegen, will ich jagen. Jetzt ist Ruhe in mir. Ich spüre tiefe Verbindung zu allen Wesen, die dort unten noch immer tanzen. Alles ist in pulsierender Bewegung. Auch mein Sitzen auf dem Ast gehört zur pulsierenden Bewegung des Kosmos.

Lange später noch, als wir in die menschliche Form zurückverwandelt sind, sitzt mein Eulen-Ich weiter auf dem Ast, genießt die Ruhe und das Schweigen.

Ein Bericht vom Maskentanz 2000 von Heribert:

> *Abends vor dem Tag des Maskentanzes rufen wir die Tiergeister in*
> *die fertiggestellten Masken. Beim ersten Rasselton ist mein Rabe*
> *da, von vorne, riesig. Er stürzt sich auf meine Augen, hackt, hackt*
> *weiter heftig auf meine Chakren ein, vom sechsten bis zum ersten*
> *hinunter und zieht etwas heraus. Dann hackt er in den Ohren.*
> *Dann durchtrennt er meinen Hals, hebt den Kopf ab, dreht ihn um*
> *360° um und schiebt ihn wieder auf den Hals. Dasselbe macht er*
> *mit beiden Händen und Füßen und dem Rumpf in der Mitte des*
> *Bauches. Dann sagt der Rabe: „Jetzt bist du mein Bruder und Trä-*
> *ger des Lichts." Die Worte dringen tief in mich ein, überwältigen*
> *mich. „Du musst lernen, die Macht des Lichtes zu benutzen. Du*
> *wirst überall Licht hinschicken können, wo du willst und wo es Re-*
> *sonanz findet. Ich bin jetzt in der Maske und in dir."*
>
> *Ich fühle, „das Licht ist auch eine Bürde", ich fühle, wie die*
> *Erdkugel auf meinen Schultern lastet, als Teil des Weltraumes. Ich*
> *fühle wie Christopherus und als ich fühle, dass es Jesus ist, den*
> *ich trage, ist das Gewicht weg und er zeigt mir sein Herz. Ich bin*
> *der Rabe, spüre seinen Schnabel, die Flügel, die Krallenfüße.*
>
> *Vor dem Tag des Maskentanzes schlafe ich nur fünf Stunden.*
> *Ich werde wach, der Mond scheint in den Raum und wirft die Sil-*
> *houette der Fenster mit den Rundbögen an die braune gegenüber*
> *liegende Wand.*
>
> *Ich sehe alle acht Tiergeister der Teilnehmer des Maskentanzes*
> *im Raum. Es ist ein heiliger Ort, ein Tempel. Ich empfinde ihn wie*
> *ein altes Langhaus unserer Ahnen, beeindruckend.*
>
> *Der Tanz selbst hat zwei Teile, einen choreografischen, aus vor-*
> *herigen Trancen erarbeiteten Teil und einen freien Teil, der in-*
> *tensiver für mich, für den Raben ist. Ich tanze den Raben aber*
> *eigentlich tanzt er mich. Der Rabe kommt zum Strand des Oze-*
> *ans, um den Menschen zu erschaffen. Er formt aus dem Sand die*
> *menschliche Gestalt. Er hüpft linksherum um den Menschen, be-*

äugt ihn, behört ihn. Er lässt die Funken des Lichtes in die sieben Chakren des Menschen strömen und erweckt sie damit zum Leben. So schafft der Rabe sich selbst, seinen eigenen Körper mit seinen Neigungen von Stärke und Schwäche. Dann knüpft er einen Lichtkristall in die rechte Seite der Brust.

Dann tanzt der Rabe die sieben Chakren:

Er findet Futter.

Er begegnet den anderen.

Er tanzt sein ich.

Er liebt das Licht.

Er formt den Ton seiner Stimme.

Er beäugt die Welt.

Er fliegt hinauf.

Dann fliegt er auf den Lichtlinien der Welt und heilt den Schmerz des verletzten Adlers.

Der Maskentanz hat mich verändert. Das Bewusstsein des Raben ist in mir, meine Augen, mein Bauch haben sich verändert. Noch Tage nach dem Tanz fühle ich mich stark energetisiert und tief verbunden mit meinem Bruder dem Raben.

Zur Choreografie

Um die Choreografie aus den einzelnen Tranceberichten aller Teilnehmer zu erschaffen, bedarf es eines Choreografen, der mit Trancehaltungsberichten und mit Maskentänzen viel Erfahrung hat. Oder es braucht eine eingespielte kleine Gruppe, die die Erstfassung der Choreografie gemeinsam ausarbeitet.

Wichtig sind als erstes die von mehreren Reisenden gesehenen Elemente. Um diese entfaltet sich der Tanz.

Wichtig ist gleichermaßen, dass alle Teilnehmer im Geschehen repräsentiert sind mit ihren Visionen. Das bedeutet, dass der Spezialist (die Spezialisten) nach Erstellung der Choreografie die Gruppe einbezieht und fragt, ob alle das Gefühl haben, dass es so stimmt.

Dies gilt für Gruppen bis höchstens 15 Teilnehmerinnen. Bei größeren Gruppen wäre eine Einbeziehung aller in eine solche Diskussion mit ziemlicher Wahrscheinlichkeit eine Überforderung. Genauer gesagt ist eine Empfehlung, gar nicht „zu diskutieren", weil wir Tranceerfahrungen nicht auf einer Normalwelt-Ebene einordnen können.

Es ist möglich, wenngleich nicht unbedingt nötig, sich an folgendem Raster zu orientieren.

Ein Tanz kann strukturiert werden aus folgenden Phasen:

1. Vorbereitung: Einladung der Ahnen
2. Suche und Leiden
3. Die Neugeburt
4. Phase der Nahrung, des Nährens
5. Das Fest
6. Die Erneuerung

Praktisches

Für den Maskenbau brauchen wir Ton, Tapetenkleister, Packpapier, Abtönfarbe, Klarlack, dünne Plastikfolie, ein glattes Brett (als Unterlage), Gummi, sowie Farben zum Bemalen und Tüll, Federn, Fell, Knöpfe, Perlen.

Auf dem Brett wird mit Ton die Maske modelliert. Es empfiehlt sich, vorher einmal die Breite des Kopfes bzw. Gesichtes abzumessen, damit die Maske später passt. (Sie darf breiter aber natürlich nicht schmaler als das Gesicht sein.)

Wenn die Tonmaske fertig ist, das heißt wenn das Tier aus Ton entstanden ist, wird eine dünne Plastikfolie über die Tonschicht gezogen.

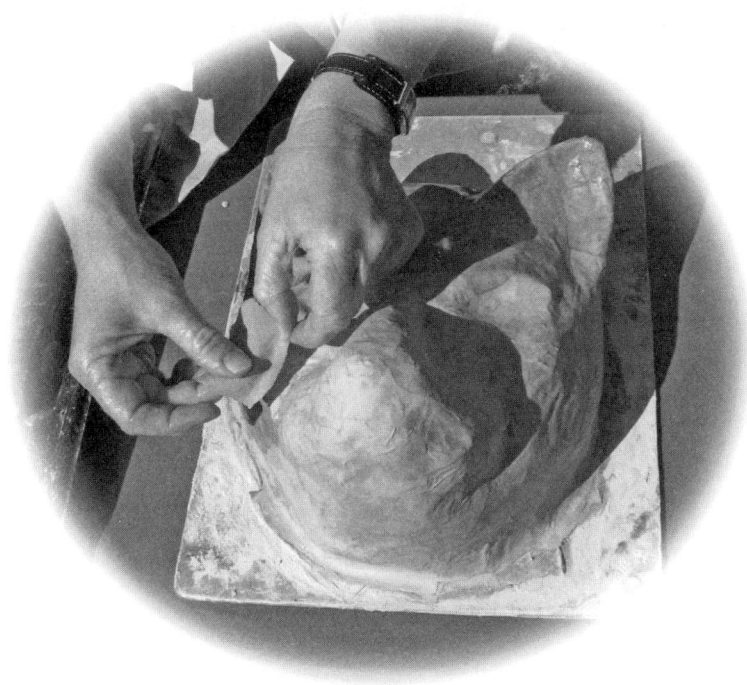

Das in kleine Stücke gerissene Packpapier wird mit Tapetenkleister eingepinselt und die Maske wird damit dreimal schichtweise überklebt. Wenn eine Schicht fertig ist, einmal mit Abtönfarbe darüber streichen, dann ist gut sichtbar, was für die nächste Schicht überklebt werden muss. Zusätzlich gibt die Farbe auch weitere Stabilität.

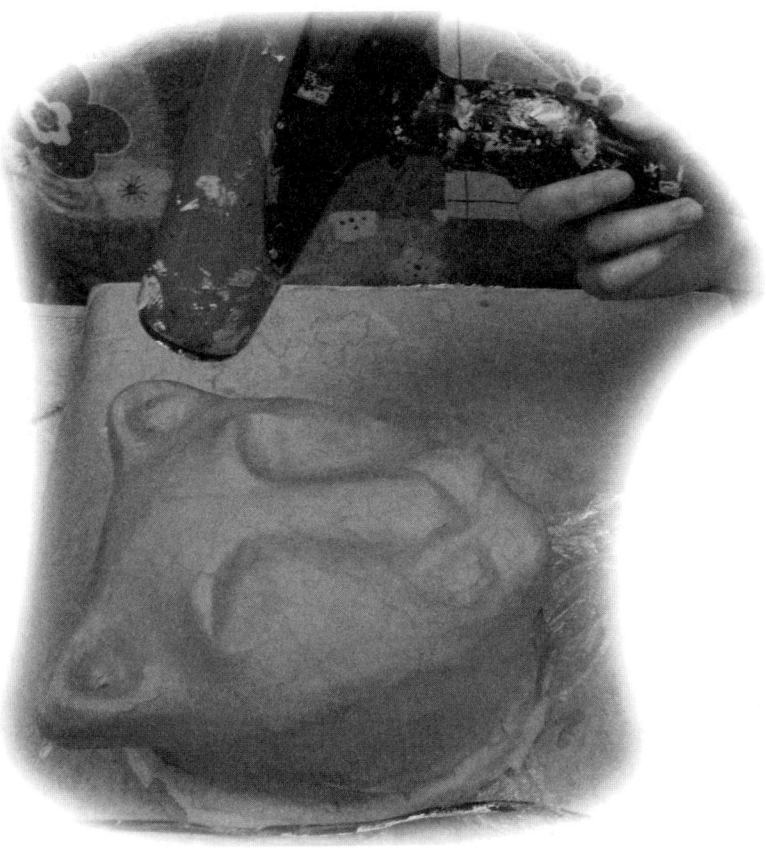

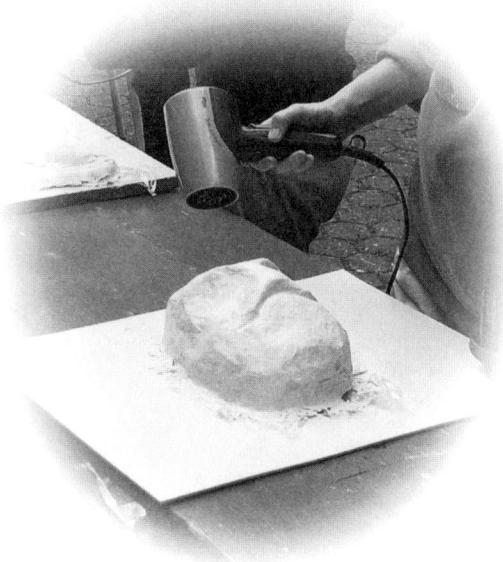

Wenn die dritte Schicht Papier aufge-
klebt ist, muss nun die Maske getrocknet
werden. Idealerweise im Sonnenschein,
falls Großvater Sonne gerade nicht vorhanden ist, in einem geheizten Raum, falls
es schnell gehen soll, hat sich Fönen bewährt.

Wichtig ist, dass die Maskenschichten getrocknet sind aber nicht der Ton, denn zum Abnehmen der Maske von der Tonunterlage ist es praktisch, den Ton ein wenig eindrücken zu können.

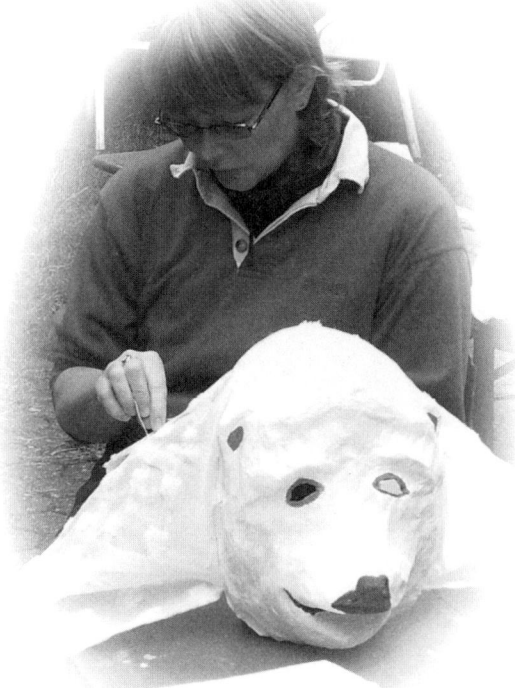

Nach der Fertigstellung der Grundform, kann die Maske bemalt und beklebt werden. Dabei sind der Phantasie keine Grenzen gesetzt.

Das Gewand kann kunstvoll oder auch einfach gestaltet werden.

Alte Bettlaken eignen sich vorzüglich zum Bemalen als Tierkleid. Wir finden aber auch allerlei Stoffe, die gut geeignet sind, Tiere darzustellen. Mit Maskentänzeraugen durch die Stoffabteilungen von Warenhäusern u. ä. zu „tigern", kann sehr amüsant sein.

Wieder ganz werden:
Seelenrückholung mit Trancehaltungen

Seelenrückholung ist eine Methode, die in den letzten Jahren sehr bekannt geworden ist. Viele Menschen, die in herkömmlichen Therapien nicht weiterkommen, stecken bleiben oder auch nur das Gefühl haben, dass es etwas gibt, was über Sprache und auch über Körperarbeit nicht erreichbar ist, suchen Hilfe bei Methoden aus dem schamanischen Bereich.

Ein breites Spektrum von Symptomen kann Folge eines Seelenanteilverlustes sein. Somatische Symptome wie Schlaflosigkeit, Kopfschmerzen, unerklärliche Müdigkeit, können sich durch Seelenrückholung verbessern. Oft ist auch der Verlauf von körperlichen Krankheiten zu beeinflussen.

Nachdem schulmedizinisch abgeklärt ist, wie die Diagnose lautet und die nötigen Behandlungsschritte eingeleitet sind, kann durchaus gleichzeitig schamanisch/therapeutisch mit einem Patienten gearbeitet werden.

Wenn wir mit Trancehaltungen Seelenrückholung machen, unterscheidet sich das von der bekannten Art und Weise schamanischer Seelenrückholung in einem ganz entscheidenden Punkt. Bei der von mir entwickelten Seelenrückholung mit Trancehaltungen kann jeder Mensch für sich selber die Suche nach den Seelenanteilen erfolgreich durchführen.

In der bekannteren Form wird Seelenrückholung so praktiziert, dass die Schamanin, der Therapeut oder Begleiter für den Patienten, die Patientin auf Reisen geht. Der Schamane reist in die Unterwelt, dort findet er die Seelenanteile, die zur Heilung und Ganzwerdung des Kranken wichtig sind, bringt sie mit zurück und bläst sie dann dem Patienten/Klienten ein. (Dies ist sehr vereinfacht dargestellt. Mehr Information bitte der im Anhang angegebenen Literatur entnehmen.)

Die Seelenrückholung mit Trancehaltungen funktioniert für Menschen, die mit den Haltungen arbeiten können, so, dass jeder für sich selbst in zwei Trancereisen Seelenanteile zurück holen kann.

Bei dieser tiefgehenden Arbeit ist es trotzdem wichtig, dass möglichst ein erfahrener Mensch den Prozess begleitet.

Seelenanteile, die aus der anderen Welt mitgebracht werden, müssen sorgfältig integriert werden. Ein leichtfertiger Umgang mit dem Geschehen kann sonst das bestehende Problem unter Umständen sogar verschlimmern.

Zunächst einmal hier die Beschreibung wie vorzugehen ist:

Als erstes wird zu diesem Thema immer eine „Wahrsagehaltung" gemacht. Es hat sich bewährt, den „Tennessee Deviner" zu befragen. Er ist der Spezialist für rituelles Geschehen und wird auch in den Maskentanzseminaren für die Befragung nach Einzelheiten eingesetzt. Bild und Beschreibung dieser Haltung finden Sie im Kapitel „Mehr Erfahrungen aus der Zauberwelt" (S. 163).

Wir bereiten uns darauf vor, in der Wahrsagereise wenigstens drei Fragen zu stellen. Die Fragen lauten:

1. Gibt es Seelenanteile, die ich heute zurückholen kann? (Die Anweisung ist, dass pro Seelenrückholung höchstens drei Seelenanteile zurückgebracht werden sollten.)

2. Darf ich für mich alleine diese Seelenanteile zurückbringen?

3. Welche Helferwesen sind bei mir?

Das könnten die Krafttiere sein, wenn die Menschen Krafttiere für sich schon kennen. Das können aber auch Engelwesen sein, das könnten auch Seelen verstorbener nahe stehender Menschen sein. Die Gruppenleitung klärt vorher mit den Teilnehmern, welche Helferwesen auf die Reise mitgenommen werden. Das Spektrum, wer oder was ein Helferwesen sein könnte, ist breit. Wichtig ist: Es muss nicht unbedingt ein Krafttier sein. Wir arbeiten zwar mit einer schamanischen Technik, aber wir sind hier nicht gebunden an die schamanische Vorstellungswelt. Wir können durchaus auch mit Begleitwesen auf die Reise gehen, die unserem Kulturkreis entstammen.

Der zweite Teil der Seelenrückholung besteht dann darin, dass die Trancehaltung *Reise in die Unterwelt* gemacht wird. (Gemeint ist hier die auf dem Rücken liegende

Unterweltreisehaltung, siehe Kapitel „Die Geister der Tierwesen: Reise in die Unterwelt" auf S. 83)

Die Anweisung ist, dass wir auf dieser Reise Kontakt zu den verlorenen Seelenanteilen aufnehmen. Wir befragen jeden Seelenanteil, der sich hier zeigt, ob er oder sie bereit ist, mitzukommen in die Obere Welt, in das Leben der reisenden Person. Die Begleiterwesen können mithelfen in dem Prozess. Sie helfen, wenn Überzeugungsarbeit geleistet werden muss. Sie helfen auch auf dem Rückweg, falls hier Hilfe nötig ist. Die Leitung rasselt oder trommelt, die Teilnehmer gehen für sich auf die Reise. Der einzige Unterschied zu sonstigen Trance-Haltungen: Es wird vorher ein Signal verabredet, um dem Rassler/der Trommlerin anzuzeigen, wann die Menschen mitsamt ihren zurückgebrachten Seelenanteilen wieder im Raum sind, also fertig sind mit der Reise. Bei der auf dem Rücken liegenden Unterweltreise ist das Signal, die auf der Stirn liegende Hand auf den Boden zu legen. Die Teilnehmer gehen dann in dem Moment, in dem sie die Handhaltung verändern auch aus der Trance heraus. Es ist sehr wichtig, diese Verabredung zu treffen. Seelenanteile müssen bis in unsere Welt gebracht werden, wenn sie einmal bereit waren, mit auf diese Reise zu kommen. Es wäre ungut, wenn die Reise aufhört, bevor alle Anteile sicher mit „nach oben" gebracht wurden. Die Rasselnde Person braucht also unbedingt ein klares Feedback darüber, wann alle Reisenden samt Seelenanteilen zurück sind, um sicher den Tranceraum für die erforderliche Zeit zu halten. Ein Erfahrungswert ist, dass viele Teilnehmer nur ca. zehn Minuten für ihre Reise brauchen. Die Leitung rasselt/trommelt, bis alle sicher zurück sind.

Bei dieser Art Seelenrückholung wird immer auch die Möglichkeit offen gelassen, dass Teilnehmer nicht für sich selber reisen, sondern jemand anders die verlorenen Seelenanteile zurückbringt.

Hier soll als erstes die Geschichte von Alina erzählt werden als Bespiel für eine gelungene Form von Seelenanteil-Rückholung und erfolgreicher Integration des Anteils.

Alina ist die Tochter von Gabi. Sie kennt daher die Trancearbeit von zu Hause sehr gut. Gabi möchte allerdings nicht therapeutisch mit ihrer eigenen Tochter arbeiten und so sitzt Alina im Seelenrückholungsseminar.

Alina ist 25, studiert Publizistik, arbeitet schon freiberuflich für mehrere Zeitungen. Sie ist sehr attraktiv und hat eine angenehme Ausstrahlung, alle im Seminar staunen, als Alina berichtet, sie habe große Probleme damit, einen Partner zu finden. In letzter Zeit war Alina einige Male entsetzt über sich, weil sie freundlichen Kontaktversuchen von eigentlich netten Kommilitonen auf eine abweisende und eisige Art begegnet ist, die sie selber nicht nachvollziehen und eigentlich auch nicht akzeptieren kann.

„Ich möchte endlich mal verstehen, was eigentlich mit mir los ist", sagt sie mit Tränen in den Augen. „Alles in meinem Leben läuft wunderbar, aber diesen Bereich bekomme ich einfach nicht geregelt."

Alina bekommt vom *Tennessee-Wahrsager* gesagt, dass sie sich auf nur einen Seelenanteil konzentrieren soll. Der sei „Arbeit genug" für dieses Mal. Sie soll zusätzlich zu ihrem Krafttier, dem Salamander, noch Unterstützung aus dem Reich der Naturwesen, der Elfen, Zwerge und Gnome in Anspruch nehmen. Dazu soll sie vor der Reise nach draußen gehen, etwas für diese Wesen opfern und ihnen dabei möglichst laut erzählen, worum es geht und was sie sich für ihr zukünftiges Leben wünscht.

Alina ist diesmal diejenige, die am längsten in der Unterwelt unterwegs ist.

Als sie den Redestab in den Händen hält, sagt sie als erstes: „Diese Reise kam mir vor, als ob es die kürzeste sei, die ich je gemacht habe." Die Gruppe lacht, da alle schon erfahren haben, dass nach „Normalweltmaßstäben" Alinas Reise wahrlich lang gedauert hat.

Ich kam durch eine Blüte in eine Welt, die ich so noch nie gesehen habe. Dort war das Licht milde, ein Duft wie von wunderbaren Kräutern und Blumen zog mich in seinen Bann. Meere pastellfarben blühender kleiner Gewächse zogen meinen Blick in die Weite. Ich fand es wirklich schön, dort zu sein. Fast hätte ich vergessen wieso ich eigentlich gekommen war. Da kam auf einmal ein kleines Männlein mit einer roten Nase und braunen Stulpenstiefeln angelaufen und rief „Los, Alina, du Schlafmütze", da habe ich mich erinnert, sicher war das einer von den Zwergen, die ich um Hilfe gebeten hatte.

Ich habe mich dann an meine Frage erinnert: „Ich möchte den Seelenanteil finden, der mir dabei helfen kann, zu Männern ein gutes Verhältnis zu bekommen."

Es kam ein gelber Schmetterling, der sagte zu mir: „Spring auf". Das tat ich, ich war auch von den Proportionen nicht zu schwer oder zu groß für ihn, er flatterte über das pastellfarbene Blütenmeer hinweg, dann über ein Wäldchen, dann über ein „Nichts", dort war wirklich gar nichts, bis zu einem Ort, an dem ein riesengroßes Gebäude stand. Es hat mich erinnert an etwas, was ich mal im Film sah, aber ich habe den Namen davon vergessen.

Dann kam noch ein Schmetterling, grün mit roten Punkten drauf, der sagte zu mir, in diesem Schloss sei mein Seelenanteil, er würde aber nicht so ohne weiteres herauskommen, ihm ginge es dort nämlich gut, und wieso sollte er das dann verändern. Der Schmetterling sagte noch, er sei beauftragt, den Botschafter zu machen, sonst würde ich nämlich ohne Chance sein, überhaupt Kontakt zu meinem Seelenanteil zu bekommen.

Ich habe eine ganze Weile überlegt. Dann habe ich den Schmetterling gebeten, er möge dem Seelenanteil sagen, ich würde alles, was er begehrt, für ihn finden. Zur Begrüßung gab ich dem Schmetterling ein Fläschchen Blütenstaubsekt als Gastgeschenk mit.

Der Schmetterling kam alsbald zurück und hat erzählt: Mein Seelenanteil wünscht sich einen Kokon aus gesponnenem Gold.

Das Muster soll filigran und sehr eng gewebt sein. Dieser Kokon würde ihn schützen können, er sei aber schwer zu finden.

Es kam daraufhin von den beiden anderen Schmetterlingen gerufen ein dritter Schmetterling, blau mit einem goldenen Streifen auf jedem Flügel. „Du weißt vielleicht, wie ich diesen Kokon finden kann, weil du selber Gold in deinem Kleid hast?", frage ich ihn hoffnungsvoll. „Ich weiß es", antwortet er, „ob du es vermagst, weiß ich nicht. Im Volk der Feen und Elfen gibt es eine Filigran-Werkstatt. Die können so etwas mit Leichtigkeit herstellen. Das Problem ist, dass sie durch einen Schutzzauber von der normalen Welt getrennt sind. Zu oft sind hier ungebetene Gäste ein-

gedrungen. Die Feen und Elfen wollten nicht mehr wie in einem exotischen Zoo begafft werden, so haben sie diesen Schutzzauber beantragt und gewebt. Ich kann dich dorthin bringen wo der Schutzzauber-Schleier dünn ist und nah an unsere Welt grenzt, das weitere musst du selber herausfinden. Vielleicht tröstet es dich noch, dass grundsätzlich jüngere Menschen leichter Zugang finden zu diesem Ort und du bist doch noch jung oder?" Natürlich habe ich zugestimmt und der Schmetterling nahm mich auf und im Turboflug kamen wir an eine Art Graben. Es war kein richtiger Graben, es war eine kleine Schlucht aber es war auch keine wirkliche Schlucht, es war eine tiefe Rinne in der Erde und dort war etwas drin, was ich aber nicht erkennen oder benennen konnte. Dort ließ er mich allein und da stand ich nun und wusste gar nicht weiter. Ich habe meinen Salamander gefragt, er wusste es auch nicht, es ist schon ulkig, so ein ratloses Krafttier zu sehen. Dann aber hatte Frobi – so nenne ich meinen Salamander – doch eine Idee. Er schlug mir vor, die Elemente um Hilfe zu rufen, sie würden den Elementarweltwesen doch nah sein. Also rief ich das Wasser, die Erde, die Luft und das Feuer. Ich sagte ihnen, wieso ich da sei. Ich sagte, ich wisse absolut nicht weiter, mein Anliegen sei aber sehr wichtig, ohne diesen Seelenanteil könne ich vermutlich nie einen geeigneten Partner finden. Da ich sehr gerne auch Kinder oder zumindest ein Kind haben möchte, hänge so vieles an diesem Wunsch.

Auf einmal gab es ein Geräusch und ich musste mich fast festhalten, so ein Sturm wehte auf einmal. „Du musst den Wunsch eines anderen Menschen auf dich nehmen – also erfüllen", sagte es aus einer Wolke. „Du weißt schon, worum es geht, wurde uns bekannt. Dann kannst du sofort das Hindernis überwinden."

Ich wusste sonderbarerweise wirklich sofort, worum es geht.

Ich habe eine Nachbarin, sie ist ziemlich alt und wenn ich ehrlich bin, mag ich sie nicht so besonders. Diese alte Frau wünscht

*sich sehr, dass ich ab und zu mit ihr spazieren gehe. Ich finde im-
mer Gründe dafür, wieso ich keine Zeit habe. Die alte Frau ist
sehr allein und kann nicht mehr so gut laufen, sie hat Angst, allein zu gehen. Ich verspreche, dass ich mich fortan mehr um sie
kümmern werde. Ich hatte das nur eben gedacht, da hörte ich ein
Geräusch, so als ob etwas zerreißt und der Graben war weg und
ich stand auf einer Lichtung. Wie ich mich umsah, waren in allen
umliegenden Bäumen Baumhäuser. Manche oben im Geäst, manche unten im Wurzelwerk. Ich wurde wie magisch angezogen von
einer großen knorrigen alten Eiche.*

*Wie ich davor stand, öffnete sich eine Tür im Stamm und ein
Wesen schwebte heraus, was so funkelte und glänzte, dass ich
kaum hinschauen konnte. „Hier ist, was du brauchst", sagte es zu
mir und gab mir ein kleines Päckchen. „Denk an die alte Frau, das
ist der Preis", sagte die Fee mit klingender Stimme, dann drückte
sie mich einmal sanft an sich und war auch schon wieder weg.*

*Ich habe mich auf einmal sehr, sehr froh gefühlt. Es kam wie-
der der Reiseschmetterling, der mich diesmal schwuppdiwupp zu
der Landschaft mit den pastellfarbenen Gewächsen brachte.*

*Diesmal saß da ein etwa zweijähriges kleines Mädchen. Sie
sagte zu mir, sie hätte alles angeschaut und sei aus dem Haus, in
dem sie nun lange gewesen sei herausgekommen. Da ich ihr den
goldenen Kokon mitgebracht hätte, könnte sie es nun riskieren,
mit mir in meine Welt zu kommen. Sie sagte, sie würde allerdings
nur auf Probe mitkommen. Falls sie zu der Überzeugung komme,
dass es ihr in meiner Welt nicht gut ginge, dann wäre sie nicht ver-
pflichtet, dort auch zu bleiben.*

*Ich habe ihr versprochen, dass ich sehr gut auf sie achten wür-
de. Ich habe ihr gesagt, sie sollte mir doch bitte die Situation zeigen, in der sie vor vielen Jahren von mir weg gegangen ist. Na gut,
hat sie gesagt, du kannst dich jetzt erinnern: Da sah ich mich, als
ich dieses kleine Mädchen war, zwei Jahre alt mit blonden Locken*

und Blumenkleidchen. Ich hatte nicht gemacht was meine Mutter wollte, ich war ganz trotzig, wie Zweijährige ja öfter mal sind und ich hatte deswegen Krach mit meiner Mutti.

Da ist Papa gekommen und hat mich gehauen. Einmal nur aber ganz feste, schlimm war auch nicht so sehr, dass es weh getan hat, schlimm war, dass ich mich unheimlich erschreckt habe. Und was noch schlimmer war: Er hatte doch gar nichts mit dem Streit zu tun. Ich habe gedacht, dass ich mit Männern nichts zu tun haben will, wenn sie so zu mir sind, und ich bin weggegangen. Habe ganz, ganz lange geweint, war untröstlich weil ich das alles so ungerecht fand.

Ich habe dann dieses kleine Mädchen auf den Arm genommen.

Ich habe ihr gesagt, dass wir jetzt zusammen groß sind, wenn sie bei mir bleibt und dass ich schon dafür sorge, dass niemand kommt und sie so erschreckt. Sie muss auch keine Angst haben. Es kommt schon manchmal vor, dass Menschen ungerecht sind, aber damit müssen alle irgendwie zu Rande kommen.

Wir haben dann erstmal das Päckchen geöffnet und den goldenen Kokon herausgeholt. Er glitzerte und glänzte und stellt euch vor, oben am Rand war in geschwungener Schrift „Alina" eingewebt.

Wir, d. h. meine Zweijährige und ich, haben ihn uns umgelegt und sind dann ganz schnell in die obere Welt geflogen.

Hier sind wir nun.

Alina ist später etwas müde. Alle sind froh, dass sie nicht wie im Märchen mehrere Jahre im Feenreich bleiben musste.

Es sei an dieser Stelle noch verraten, dass Alina sieben Monate später einen netten jungen Mann getroffen hat, mit dem zusammen sie ihre Ängste vor zu nahem Kontakt bewältigen konnte und mit dem sie jetzt schon seit drei Jahren zusammen ist.

Die nächste Geschichte erzählt, was Klaus erlebte. Diese Geschichte ist ein Beispiel dafür, was passieren kann, wenn leichtfertig mit den Kräften der Haltungen umgegangen wird.

Die Gruppe trifft sich zum Seelenrückholungsseminar.

Die Teilnehmer kennen sich untereinander bis auf einen neuen Mann. Margret hat Klaus mitgebracht, der der Leitung am Telefon sehr glaubwürdig versichert hat, er sei im schamanischen Reisen quasi ein Altmeister, das sei alles ganz vertraut für ihn und da könne gar nichts passieren. Nun sitzt die Gruppe da und es scheint eine gewisse Anspannung im Raum zu geben. Klaus ist ein Mann zwischen 40 und 45, er sitzt kerzengrade auf seinem Kissen und er hat Mühe, Blickkontakt zu den anderen zu machen. In der Erzählrunde sagt Klaus, er wolle gerne die Reisetechnik der Trancehaltungen für Seelenrückholung kennen lernen. Er erzählt sonst nichts über sich, wirkt eher verschlossen.

Und so gehen dann alle gemeinsam in die erste Trancereise zu den Fragen: Gibt es Seelenanteile, die ich heute zurückbringen kann? Darf ich allein reisen, um Seelenanteile zurückzuholen? Wer ist mein Begleiter? Gibt es irgendwelche Informationen über die Seelenanteile schon vorher? Die Menschen sitzen in der relativ unbequemen Haltung des *Wahrsagers von Tennesee*. Die Leitung hatte schon bei der Erarbeitung der Trancehaltung mit Klaus etwas Mühe, sie kann spüren, dass er nicht einverstanden ist, in dieser unbequemen Haltung eine bestimmte Zeitdauer zu verbringen. Er folgt aber der Anweisung ohne ausgedrückten Widerspruch. Bei dieser Reise ist es dann so, dass Klaus zurückkommt mit einer Geschichte, die sich gut anhört, die man ihm nur leider nicht so ganz ohne Zweifel abnehmen kann. Es entsteht das Gefühl, Klaus habe sich das eher ausgedacht, was er erzählt, womöglich bevor er ins Seminar kam. Es klingt alles sehr einfach, sehr glatt: Ja natürlich darf er reisen, ja natürlich muss er den Seelenanteil aus einer Zeit als er drei Jahre alt war zurückbringen. Er sagt er erinnert einen Unfall, der zu der Zeit passiert war. Und sein Adler und sein Bär seien bei ihm.

Tina verlangt nach dem Redestab und sagt zu Klaus, sie habe das Gefühl, dass er nicht so ganz „auf dem Boden", also nicht gut geerdet sei.

Klaus schaut etwas verständnislos, es ist deutlich dass ihm eine solche Ausdrucksweise sehr fremd ist. „Wieso, ich sitze doch hier", ist seine Antwort. Die Gruppe lacht, es entsteht dadurch eine entspanntere Atmosphäre im Raum als zuvor. Klaus wird von der

Gruppenleitung gefragt, ob er sich gut fühle mit der Aussicht, die Seelenrückholungsreise zu machen.

Klaus hat keinerlei Bedenken. Da die Gruppe aus vielen erfahrenen Reisenden besteht, was im Raum ein gutes Feld für alle aufbaut, wird entschieden, dass Klaus den Seelenrückholungsprozess versuchen soll.

Dann beginnt die Seelenrückholungsreise. Die Teilnehmer liegen auf dem Boden, die linke Hand über der Stirn in der Haltung der *Südamerikanischen Reise in die Unterwelt.*

Nach ca. fünf Minuten Reisezeit ist ein Stöhnen im Raum zu hören. Die Leitung, die rasselnd in der Mitte der Gruppe steht, kann sehen, dass Klaus aus der Haltung gegangen ist.

Er hat sich halb aufgerichtet und sieht hilfesuchend umher.

Die Leitung gibt Klaus durch eine Geste zu verstehen, dass er sich ruhig hinlegen soll, dass alles so in Ordnung ist.

Nachdem später für alle im Raum die Reise beendet ist, alle etwas ausgeruht haben und dann ihre Erfahrungen aufgeschrieben haben, kommt die Zeit zum Erzählen. Klaus wird als erster aufgefordert zu berichten, was er erlebt hat.

Klaus hatte am Anfang der Trance, nachdem er durch ein relativ kleines Loch, eine Art Mauseloch in die Unterwelt geschlüpft war, den Geist des Adlers getroffen, der ihn sofort am Kragen gepackt hat und mit ihm davongeflogen ist. Der Adler hat Klaus abgesetzt in einer ihm nicht bekannten Landschaft, in der dann vom Horizont ein riesiger Drache auf Klaus zugeflogen kam, ein Drache mit vielen Köpfen und mehreren Schwänzen, und mit diesen für ihn in dem Moment sehr bedrohlichen Tier hat Klaus sich dann auseinandersetzen müssen. Dabei hat der Drache einen der Schwänze ganz um Klaus herumgeschlungen, und Klaus hatte das Gefühl, sich nicht mehr bewegen zu können, weder vor noch zurückgehen zu können und er hat an dem Punkt panische Angst bekommen. Das war der Moment, wo sein Stöhnen zu hören war und das war dann der Moment, wo Klaus sich aufgerichtet hat und so die Reise abgebrochen hatte.

Klaus ist jetzt unter dem Eindruck seiner Erfahrungen mitteilsamer als zuvor, so erfährt die Gruppe, dass Klaus weiß, dass er eine sehr schwierige Geburt hatte. Er war eines der Babys, dessen Nabelschnur sich um seinen Hals gewickelt hatte und so war sein erstes Erleben während seiner Geburt, dass er kaum Luft bekam. Diese Erfahrung hat sich für Klaus in dieser Trancereise völlig unvermittelt wiederholt. Klaus ist wirklich gebeutelt und er gesteht dann, dass er zwar mit Fantasiereisen allerlei Erfahrungen gesammelt hat, dass aber das, was er gerade probiert hat, schamanisches Reisen, Trancereisen für ihn bisher eigentlich nicht so recht funktioniert hat. Er hat meistens gar nichts gesehen oder erlebt. Heute hat er sich sofort zu Beginn der Reise sehr erschreckt. Er hatte ja gesagt, der Adler und der Bär würden bei ihm sein. Dass dann der Adler wirklich kam, hat ihn aber eigentlich in Angst versetzt. Die Leitung erklärt Klaus, dass wir nicht „einfach" Wesenheiten erfinden können bei dieser Art von Arbeit, sondern, dass es wirklich so ist, dass Wesenheiten existieren, dass man sie fragen muss, ob sie bereit sind, mitzuhelfen und dass er sich vermutlich auf sehr unrespektvolle Weise diesem Geist des Adlers genähert hatte. Daraufhin konnte der Adler für Klaus nicht auf Anhieb unterstützend sein. Die Leitung erklärt noch einiges und lässt Klaus noch einmal die schwierigen Momente seiner Reise nacherleben. Indem er sich noch einmal bewusst mit seinen Ängsten konfrontiert, kann er sie dadurch dann auflösen oder mildern. Klaus versteht schließlich, dass das, was ihm widerfahren ist, Resultat seines eigenen Leichtsinns und auch seines eigenen Mogelns gewesen ist.

Diese Geschichte ist ein Beispiel dafür, wie es sein kann, wenn wir denken, dass wir keine Vorerfahrung brauchen und eine Aufforderung dazu, dass wir mit diesen Kräften nicht leichtfertig umgehen sollten.

Es gibt an diesem Wochenende noch eine weitere Trancereise. Die Teilnehmer lernen die Haltung des *Nupe Mallam* kennen. Bei dieser Haltung handelt es sich um eine Wahrsagehaltung. Dieses Mal geschieht nichts besonders Spektakuläres, während die Gruppe im Tranceprozess ist und getrommelt wird. Als es ans Erzählen geht, merken alle, dass Klaus sehr aufgeregt und freudig wirkt.

> *Ich war zuerst etwas verwirrt, weil ja diesmal getrommelt wurde. Damit ging es mir anders als beim Rasseln. Als ich diese Veränderung akzeptiert hatte, war sehr schnell wieder der Adler da. Er hat mir zu verstehen gegeben, dass ja meine Aufgabe für heute noch nicht erledigt sei. Ich war diesmal gar nicht erschreckt sondern sehr froh, dass der Adler trotz allem noch einmal bei mir aufgetaucht ist und ich war auch sofort einverstanden.*

Nupe Mallam

Er flog dann mit mir zu dem Haus, in dem ich mit meinen El-tern gewohnt habe, als ich klein war. Dort war alles ganz unver-ändert, ich habe während der Reise gestaunt, was ich alles sehen konnte.

Im Haus, im Wohnzimmer unter dem Sofa versteckt, saß ein kleiner Klaus. Dieser kleine Junge war sehr ängstlich und ganz verstört. Er war mit seiner Mutter zum Ein-kaufen gefahren und dabei wurden die beiden sowohl Betroffene als auch Zeugen eines größeren Auffahrunfalls. Das Auto von Klaus Mutter wurde dabei fast kaum beschädigt, Klaus konnte aber sehen, dass aus den Trümmern eines anderen Wagens zwei schwer verletzte Menschen geborgen wurden. Da seine Mutter selber in einem leichten Schock-zustand war aufgrund des Unfalls, hat sie Klaus gar nichts erklären können und ihn mit der beängstigenden Erfahrung ganz allein gelassen.

Klaus hat sich daraufhin Tagelang unter dem Sofa versteckt. Der Seelenanteil, der damals so erschrocken war, sitzt quasi dort noch immer. Klaus hat verstanden, dass für ihn hier die Chance war, die Seelenrückholung doch noch zu tun.

Er hat diesen kleinen Jungen beruhigt und ihm erzählt was damals wirklich passiert ist. Zuerst blieb der Junge sehr skeptisch. Klaus hatte aber aus den Erzählungen der an-deren Teilnehmer allerlei gelernt und sich gemerkt, wie man klugerweise bei der Über-zeugung von verloren gegangenen Seelenanteilen vorgehen sollte. Er hat nicht aufgege-ben und den kleinen Jungen schließlich überzeugen können, mitzukommen. Er hat ihm versprochen, sein Lieblingsspielzeugauto zu kaufen und für vier Wochen lang jeden Tag eine Eiscreme. Außerdem hat er ihm gesagt, dass er, der erwachsene Klaus, immer da sein wird, wenn der kleine Junge noch einmal Angst bekommen sollte. Dann sind sie schließlich gemeinsam unter der rechten Schwinge des Adlers in diese Welt geflogen.

Klaus ist doppelt froh. Er hat nicht nur einen Seelenanteil zurückbringen können, sondern auch mit dem Geist des Adlers wirklich Freundschaft geschlossen. Der Adler hat ihm aufgezeigt, dass er gerne bereit ist, die Prozesse von Klaus zu unterstützen und dass er sich auch darüber freut, von Klaus gerufen zu werden. Schlussendlich ist Klaus dann aus dem gesamten Wochenende ganz strahlend und ein Stückchen heiler hervor-gegangen.

Mit Trancehaltungen arbeiten: Anleitungs-Bausteine für Reisende

Wenn wir auf Trancereise gehen wollen, gibt es einige grundsätzliche Regeln, die hier besprochen werden sollen.

1. Körperliche Aspekte, Müdigkeit, Essen, Medikamente, Alkohol

Für den Körper ist der Eintritt in die andere Realität einfacher, wenn wir vorher ca. zwei Stunden – gerne auch länger –, keine Nahrung zu uns genommen haben.

Es sollte allerdings kein quälendes Hungergefühl bestehen, gleicherweise ist auch eine Unterzuckerung mit Konzentrationsschwierigkeiten als Resultat keine gute Startbedingung. Wie häufig im Bereich dieser Technik: Die Anwender sollten ein gutes Mittelmaß für sich finden. Nach einer reichlichen, sättigenden Mahlzeit ist es auf jeden Fall nicht klug, ohne eine angemessene Pause zur Verdauung in andere Welten abheben zu wollen, wir sind dann buchstäblich „zu schwer".

Trinken sollte man grundsätzlich viel vor und nach Trancereisen. Hier empfehlen sich alle Arten von Wasser und Kräutertees.

Nicht mit voller Blase starten, einen Toilettengang vorher einplanen.

Zu große Müdigkeit kann auch den Start erschweren, allerdings ist ein Erfahrungswert, dass dies nach den ersten Minuten der Trancereise dann nicht mehr wichtig ist.

Es gibt Erfahrungsberichte, die besagen, dass auch große Aufgeregtheit den Eintritt in die anderen Welten verkomplizieren kann.

Grundsätzlich gilt aber, dass der Körper durch die neurophysiologischen Einflüsse, das heißt durch die Stimulation durch Rhythmik und Trancehaltung – automatisch nach kurzer Zeit in Trance kommt und Startprobleme zumindest gemildert werden.

Es scheint selbstverständlich, soll aber doch gesagt sein, dass wir natürlich weder Alkohol noch andere Drogen vor der Trance zu uns nehmen dürfen.

Etwas schwieriger ist die Frage nach verschiedenen Medikamenten. Beruhigungs- und Schlafmittel verhindern Trancezustände.

Menschen, die Neuroleptika einnehmen müssen, sollten wahrscheinlich gar nicht mit Trance experimentieren. Dieser Bereich ist sorgfältig mit behandelnden Ärzten und Therapeuten abzuklären.

2. Der Raum und das Setting

Der Raum, in dem die Reise stattfindet, soll sicher und ruhig sein.

Sicher meint: Es muss gewährleistet sein, dass niemand den Raum überraschend betritt, kein Klingeln von Telefon, Haustür o. a. den Prozess stören kann.

Auch andere sehr laute Einflüsse z. B. Straßenverkehr, Fluglärm, Maschinenlärm u. ä. sollten möglichst nicht vorhanden sein.

Da in den Reisen häufig akustische Phänomene auftauchen, ist es sehr störend, bei der Auswertung nicht sicher sein zu können, ob es sich um etwas Reales oder um Trance-Input gehandelt hat.

Es scheint selbstverständlich, soll aber der Vollständigkeit halber gesagt sein, dass der Raum wohltemperiert sein sollte.

3. Allein oder mit anderen auf Reisen gehen?

Anfänger sollten sich beim ersten Ausprobieren die Unterstützung einer Gruppe gönnen. Erfahrene Mitreisende können wertvolle Tipps geben, sowohl vor der Reise als auch später bei der Auswertung. Es wäre schade, wenn jemand die Technik als unwirksam für sich abtut, nur weil die Anzeichen einer Trance-Erfahrung allein nicht verstanden wurden.

Trance-Erfahrungen in Gruppen sind zu vielfältig, als dass hier auf alles ausführlich eingegangen werden könnte. Eine Basisregel ist, dass ich mir die Mitreisenden unter dem Aspekt anschauen sollte, ob ich ein Gefühl der Sicherheit und des mich Öffnenkönnens erlebe. Eine gemeinsame Trancereise verbindet, es ist aber sicher ein Vorteil, wenn ich so viel Vertrauen zu den Mitreisenden habe, dass ich in der Auswertungsphase offen über meine Erfahrungen berichten kann.

4. Vorbereitungsschritte:

a) Wir räuchern uns, vorzugsweise mit weißem Salbei, oder auch mit heimischen Kräutern z. B. Beifuss (Artemisia …) zur Reinigung.

b) Wir machen eine Übung, um vom Alltagsgeschehen abzuschalten.

Felicitas Goodman bevorzugte 50 Atemzüge in ruhiger Sitzhaltung. Die Autorin schätzt die zentrierende und entspannende Wirkung von Bewegungsmeditationen vor der eigentlichen Trancereise.

5. Körperhaltung und rhythmische Stimulation

Der Zustand der Trance entsteht durch die beiden Elemente Körperhaltung und Rhythmik.

Dabei ist es zunächst einmal sehr wichtig, die Körperhaltung absolut genau so einzunehmen wie es in den Anleitungen beschrieben ist.

Auch geringes Abweichen kann dazu führen, dass die entstehende Trance sehr viel schwächer als möglich wird. Die rhythmische Stimulation sollte ein gleichmäßiger Beat sein. 210 Beats pro Minute sind hier ein Richtwert. Mehr hierzu unter Punkt 9.

6. Das Rufen der Geister oder Wie leite ich das Ritual ein?

Zur Tranceerfahrung gehört initiativ dazu, die Geistwesen vor Beginn der Reise anzurufen und in den Raum zu rufen.

Während einer Gruppenveranstaltung tut dies erfahrungsgemäß die Gruppenleitung, die idealerweise in ihrer Ausbildung gelernt hat, wen und wie sie da ruft.

Für „Heimwerker" unter den Reisenden: Es gibt so viele Möglichkeiten der Anrufungen wie es verschiedene Menschen gibt, das heißt: Hier gibt es kein „richtig" oder „falsch" im althergebrachten Sinne.

Dies ist aber keine Aufforderung zum leichtfertigen Umgang mit Anrufungen.

Sicherlich ist den Lesern der Goethe-Spruch von den Geistern, die ich rief und nicht wieder loswurde bekannt. Also bitte gut aufpassen und mit klarem Kopf und Bewusstsein an die Materie herangehen.

a)   Rufe bitte Kräfte, die dir bekannt bzw. in irgendeiner Weise vertraut sind.

b)   Wenn du nicht weißt, welche Kräfte in den Richtungen zu finden sind, dann ist es durchaus gut zu sagen: Ich rufe die Kräfte des Ostens, Nordens, Westens, Südens, ohne diese Kräfte näher zu bezeichnen.

c)   Es kann nützlich sein, die Kräfte mit positiven Adjektiven zu benennen. Zum Beispiel „hilfreiche Geister", „wohlwollende Ahnen", „unterstützende Kräfte", etc.

d)   Sobald du dich bei einer Anrufung unsicher fühlst, wird deine Unsicherheit Einfluss haben auf das, was du rufst. Es ist also ratsam, dich mit der Materie vorab zu beschäftigen, insbesondere natürlich, wenn du für andere das Anrufungsritual gestaltest.

e)   Weniger ist womöglich mehr, d. h. besser. Eine klare kurze Anrufung, mit Kraft und Überzeugung gesprochen, öffnet den Tranceraum für das Geschehen mindestens ebenso gut wie eine ellenlange Litanei. Das Ganze ist sicherlich auch eine Frage des Stils und des eigenen Geschmacks.

f)   Als Regel sei empfohlen: Bevor du es rituell tust, probier es wenigstens einmal vorher aus.

g)   Sei dir darüber klar, dass solche Anrufungen bei manchen Menschen Ängste auslösen. Du solltest die Situation mit einer Gruppe vorab besprechen. Erkläre den Menschen, was du vorhast zu tun und erlaube, dass Fragen gestellt werden können, bis für alle klar ist, was geschehen soll und sich alle einlassen können. Ängstliche Gruppenmitglieder können das Geschehen stark färben. Ist einmal eine Angstenergie im Raum aktiviert, hast du es möglicherweise sehr schwer, für die Gruppe den Raum zu halten. Dein Interesse ist also, vor der Gruppentrance alles gut zu erklären.

h)   Denke unbedingt daran, nach der Reise die Geister zu entlassen. Streue eine Spur aus Maismehl zu Tür oder Fenster oder werfe etwas hinaus und danke dabei den Geistwesen dafür, dass sie da waren und verabschiede sie wie einen guten Gast.

7. Schmerzempfindung während der Haltung

Sehr oft erleben Menschen, dass sie während der 15 Minuten, die eine Haltung normalerweise eingenommen wird, körperliche Schmerzen entwickeln. Das ist nicht verwunderlich, da die meisten von uns körperlich nicht besonders gut trainiert sind und viele Haltungen ungewöhnliche Positionen verlangen, also auch ungewöhnliche Muskelanspannung geschieht. Es gibt verschiedene Möglichkeiten, mit den Schmerzen umzugehen. Oft verschwindet das Schmerzempfinden durch die Wirkung des Trancezustandes. Wir spüren den Schmerz nicht mehr. Also wäre eine Möglichkeit, zunächst einmal abzuwarten und zu hoffen, dass der Zustand sich ändert, ohne dass körperlich etwas verändert werden muss.

Sollte der Schmerz jedoch so stark werden, dass er alle Aufmerksamkeit beansprucht, somit kein Erleben im Trancezustand möglich ist, dann ist es erlaubt, die Haltung kurz aufzulösen und dann nach einigen Momenten erneut einzunehmen. Gut ist, während der Körper kurz entspannt, visuell innerlich das Bild der Haltung aufrecht zu erhalten.

Trancereisende, die mit bestimmten Haltungen immer wieder die Erfahrung machen, dass der Schmerz übermächtig wird, sind gut beraten, dann vielleicht diese Haltung zu meiden.

Die meisten der Haltungen, die in diesem Buch beschrieben sind, gehören zu den körperlich eher weniger anspruchsvollen Haltungen. Das macht aber nicht unbedingt eine Aussage über mögliche Schmerzerfahrung bei einzelnen Menschen.

8. Welche Trancehaltung für welche Angelegenheit?

In den frühen Büchern über die Haltungen gibt es die Aufteilung in Heilhaltungen, Wahrsagehaltungen, Seelenreisen, Metamorphosehaltungen u. a.

Diese klare Einteilung konnte später nicht verifiziert werden und ist heute nicht mehr in dieser Weise gültig. Ein Mensch, der vorwiegend Heilung benötigt, wird Heilung erhalten, ungeachtet der Frage, in welcher Haltung er sich in die andere Realität begibt. Ein Mensch, dem etwas Wahres gesagt werden soll, wird diese Wahrheit hören oder spüren, auch in Haltungen, die nicht klassisch als Wahrsagehaltung definiert wurden.

Man kann die Auswahl am besten treffen, indem man Erfahrungen mit den Räumen sammelt, in die man durch die Reisen gelangt. Das ist zum Teil eine Frage der persönlichen Wahrnehmung.

Z. B. bringt die Haltung des *Wahrsagers von Tennessee* Kontakt zu einer Energie, die „männlich", kurz und knapp, manchmal nahezu ruppig Auskünfte erteilt, die allerdings von großer Klarheit sind und bei Fragen zum rituellem Geschehen sehr wertvoll sein können.

Die *Lady von Cholula* hat etwas Großmütterliches an sich, das viele Menschen als angenehm und tröstlich empfinden.

Menschen, die großes Interesse am Trancesystem haben, sei empfohlen, zu experimentieren. So wie unterschiedliche reale Orte auf der Welt uns gut oder weniger gut gefallen, so finden wir auch in der Welt, in die die Trancen führen, ganz nach persönlichem Geschmack, Tagesqualität und Befindlichkeit Lieblingsräume und vielleicht andere, die uns weniger zusagen.

9. Rassel oder Trommel oder was?

Die gute Nachricht: Wenn der Körper eine Trancehaltung einnimmt, braucht es lediglich eine rhythmische Stimulation, die einen klaren regelmäßigen Beat, vorzugsweise 210 Beats pro Minute vorgibt, um Trance auszulösen, egal mit welchem Instrument. Man kann auch mit einem Stift gegen ein Gefäß klopfen, um den Tranceeffekt zu erreichen.

Grundsätzlich gilt: Trommelbeat erreicht eher die unteren Chakren – „Die Trommel geht in den Bauch", während die Rassel den Kopf und das Herz stimuliert.

Dies ist eine Frage des persönlichen Geschmacks. Es gibt ansonsten auch CDs, die Rassel und Trommel vereinen.

Seit 1997 ist in Deutschland die Trancehaltungstechnik rechtlich geschützt unter dem Titel: „Rituelle Körperhaltungen und Ekstatische Trance nach Felicitas Goodman.©" Menschen, die öffentlich mit der Technik arbeiten und den Titel in ihrer Werbung verwenden wollen, seien freundlich darauf verwiesen, dass es ein Ausbildungsprogramm für die Trancearbeit nach Goodman gibt. Informationen bitte anfordern unter: info@dream-visions.de

Für wen ist die Trancearbeit zu empfehlen?

Im Zeitalter der Instant-Erleuchtungsmethoden kann offenbar alles, was schnellen Erfolg verspricht, beim Publikum Punkte sammeln.

Dazu ist zu sagen: Manchmal kann in kurzer Zeit sehr viel geschehen. Es ist dann sicher einiges gerade „richtig": Der Zeitpunkt, zu dem die Reise geschieht, die Mitreisenden mögen einen positiv stimulierenden Einfluss haben, vielleicht ist der Reisende gerade „reif" für eine Veränderung — sprich: manchmal können Trancereisen etwas sehr Spektakuläres in kurzer Zeit auslösen oder auch hervorbringen. Die Regel ist das jedoch nicht.

Eine zu große Erwartungshaltung vor den ersten Reiseerfahrungen verhindert möglicherweise, die Technik gut kennen zu lernen.

Wenigstens vier bis sechs Trancereisen sollte jeder/jede ausprobieren, bevor vielleicht entschieden werden kann, ob diese Methode für den betreffenden Menschen wirksam ist. Eine einzelne Erfahrung reicht bei weitem nicht aus, um entscheiden zu können, ob „es funktioniert."

Es ist genau betrachtet sogar so, dass die Haltungen für viele Menschen ein wenig gewöhnungsbedürftig sind.

Jeder gesunde Mensch kann ausprobieren, ob die Trancehaltungen ihn/sie mit erfüllenden Erfahrungen beglücken.

Auf körperlicher Ebene ist es sicherlich so, dass die an anderer Stelle beschriebenen Phänomene bei jedem auftreten, der sich der Kombination aus Körperhaltung und rhythmischer Stimulation aussetzt.

Vielleicht könnte man sagen: Man muss es einfach mögen, um gute Erfahrungen damit zu machen. Vielleicht sind auch die ersten Erfahrungen mit der Technik wichtig, um zu einer Entscheidung zu kommen.

So ist zu empfehlen, dass Menschen, die Zweifel oder Ängste haben, bei der Vorstellung, diese Reisetechnik allein zu probieren, sich eine professionell geleitete Veranstaltung suchen oder zumindest nach Mitreisenden und Begleitern im Freundes- und Bekanntenkreis Ausschau halten sollten.

Auch wenn mittlerweile klar und bekannt ist, dass Trancearbeit für viele Menschen funktioniert, kann man nicht sagen, dass dies etwas für alle gleicherweise Nützliches ist.

Es gibt Menschen, denen das Empfinden für ihre Körperlichkeit so weitgehend verloren gegangen ist, dass sie den Körper und seine Prozesse wenig fühlen. Ein Beispiel: Geschichten über eine Geburt, die erfolgte, ohne dass die Mutter gespürt hatte, schwanger zu sein, gehen immer wieder durch die Regenbogenpresse. Schwer vorstellbar für Menschen, die mit Bewusstwerdungsprozessen arbeiten, offenbar aber im Spektrum menschlicher Befindlichkeiten möglich.

Einem Menschen, der wenig Spürvermögen hat und der wenig wahrnehmen kann, was sein Körper mitteilt, wäre zu empfehlen, zunächst körpertherapeutisch zu arbeiten. Die bioenergetische Körpertherapie ist zum Beispiel außerordentlich hilfreich, um starke Blockaden zu erspüren und aufzulösen.

Grundsätzlich einige Gedanken zur Herangehensweise an eine Trance-Technik:

Wenn Sie sich in dieses Buch vertieft haben und bis zu diesem Kapitel gelesen haben, ist zu empfehlen, die Sache selbst zu probieren. Etwas fasziniert Sie, sonst würden Sie diese Sätze nicht lesen.

Dann wäre der beste Schritt, der Technik eine Chance zu geben, indem Sie sie für sich selber wirksam werden lassen.

Das wiederum kann man tun, indem man ein Seminar besucht, das von den Instituten angeboten wird.

Menschen mit einiger Erfahrung im Schamanischen Reisen und der Fähigkeit guter Körperwahrnehmung können es auch für sich allein versuchen.

Eine Empfehlung ist jedoch, sich beim ersten Mal den Luxus einer Gruppe, die gemeinsam reist, zu gönnen. Das morphische Feld, das von einer Gruppe aufgebaut wird, verstärkt und verdichtet den Prozess der Einzelnen. Die Erfahrung ist somit vielschichtiger und in den meisten Fällen tiefer als beim Reisen allein.

Natürlich ist es auch sehr wertvoll, wenn in der Gruppe die Berichte der Teilnehmenden erzählt und gemeinsam verarbeitet werden. Oft ergänzt sich auf magische Weise, was mehrere Reisende über ihre Erfahrungen erzählen. Häufig erinnern sich Menschen beim Anhören der Berichte der anderen an etwas, das ihnen gerade vorher aus ihrer eigenen Reise schon wieder in Vergessenheit geraten war.

Kleiner Fragebogen für Menschen, die sich unsicher fühlen:

1. Gab es in meinem Leben Erfahrungen, die mich geängstigt haben, wenn Kontakt zum Übernatürlichen entstand?
2. Wache ich nachts häufig aus Albträumen auf?
3. Glaube ich, dass Kontakt zu Geistwesen gefährlich sein kann?
4. Bin ich christlich erzogen worden und glaube ich an die Existenz des Bösen?
5. Spreche ich fast nie mit anderen Menschen über Dinge, die mich bewegen oder beunruhigen?
6. Gibt es niemanden in meinem Leben, mit dem ich über übernatürliche Phänomene sprechen kann?
7. Habe ich mich bisher wenig mit mir selber, meinen Gefühlen, meiner Lebensgeschichte beschäftigt?
8. Fühle ich mich häufig mit mir selbst und meinem Leben unsicher?

Falls Sie eine oder mehrere dieser Fragen mit einem klaren „Ja" beantworten können, muß die deutliche Empfehlung ausgesprochen werden, sich für die ersten Trancereisen eine professionell geleitete Gruppe oder zumindest eine Begleitperson zu suchen.

Die Dame von Baza

Mehr Erfahrungen aus der Zauberwelt

Nachfolgend finden sich noch eine Reihe von Trance-Erfahrungsberichten, die besonders anrührend sind.

Birgit:

> *Die Dame von Baza liefert Informationen zur Vogelgrippe von den Vögeln selber.*
>
> *In der Hand: Ein Tempo, in das ich zwei Federn gesteckt habe, die ich im Park gefunden hatte, eine weiße, flauschige, vielleicht vom Flamingo, eine grau-weiß gefleckte.*
>
> *Es wurde gleich alles rund, fließend, kreisend, hell. Ich stellte meine Frage nach der Vogelgrippe und der allgemeinen Panik (von der man ja gerade gar nichts mehr hört). Ein grau-weiß-beige gefleckter Vogel erschien, sah eher unspektakulär aus. Ich habe meine Schulterblätter sehr gespürt und durch den offenen Mund fühlte ich mich sehr verletzlich. Ich verwandelte mich auch in einen grau weißen Vogel und flog dahin, herrliche Bahnen, dem Vogel hinterher. Ich wurde richtig flauschig, fedrig, zartverletzlich. Wir flogen dahin, es war sehr schön, harmonisch. Wir flogen sehr hoch. Plötzlich füllte sich mein Schnabel mit etwas schwarzem, giftigem. Ich bin in eine Ölpest geraten. Es war ganz schrecklich, hoffnungslos, völlig unverständlich, rettungslos, hilflos, wehrlos. Und eklig. Und ich sah kleine Menschen, die genauso hilflos versuchten, dagegen anzugehen. Ich musste mich zusammenreißen, um die Trance nicht abzubrechen, es war so schrecklich. Aber*

dann versank ein Vogel im Schwarz, direkt danach erhob sich ein neuer daraus, sauber und gesund und wir flogen weiter.

Ich schaute den Vogel an und er sagte: „Ich zeige dir jetzt, was wirklich ein Problem ist."

Die Erde unter uns veränderte sich zu bewohnter, bewirtschafteter Landwirtschaft, voller Technik, Beton, Stein. „Hier hungern wir", sagte er. „Wir finden kaum noch etwas zu fressen. Früher war es ganz anders. Es ist karg und stressig jetzt. Wir finden nicht mehr genug Nahrung. Die Erde ist verwüstet für uns." Das machte schlagartig Sinn für mich und mir wurde ganz klamm ums Herz. „Was können wir Menschen denn machen?" fragte ich traurig. Wir wurden zu großen Vögeln, vielleicht Reihern oder Kormoranen und flogen nach Afrika. Wir flogen und flogen und es war herrlich in der Luft. Überall, wo unterwegs ein Vogel umkam, erhob sich gleich wieder ein neuer, aber es wurden weniger. Der Vogel ist das Leben, erklärte mein Begleiter. Wir flogen in Schichten oder Bahnen, wie Energiebahnen, die um den Globus liegen. Das machen die Vögel, sie halten die Energiebahnen aufrecht, die Energiehülle. Ich fragte ihn, wo die Vögel sind, wenn die Menschen sie vertreiben und reduzieren. Er sagte, „Dann sind sie für den Menschen nicht sichtbar, dann sind sie auf einer anderen Ebene." „Und was ist mit den Amseln und Rotkehlchen bei mir im Hinterhof?" fragte ich. „Sie fliegen doch kaum, nicht so wie Zugvögel." „Die singen und bearbeiten die Energiehülle auf einer anderen Ebene" sagte er. Der Vogel meinte, wir sollten einfach die Vögel ehren und Kontakt mit ihnen haben, Nähe. Er hatte auch nichts gegen bunte Vögel, die in Käfigen gehalten werden. „Sie dienen uns", sagte er „mit ihrer Lebensfreude und ihrer Energie. Ich war skeptisch wegen der Käfighaltung, das verstand er nicht. Er war der Meinung, es sei wunderbar, sie zu ehren und Kontakt zu haben. Im Winter allen Vögeln Futter hinstreuen, sonst das Vogelbad hinstellen, das sei auch sehr gut.

Es war unglaublich schön, so zu fliegen, mehr passierte zwar nicht, aber es erschien wichtig, einfach weiter zu fliegen. Also flogen wir weiter, in den Energiebahnen. Mein Rücken begann weh zu tun, aber es baute sich Energie auf. Als ich meinen Rücken wieder gerade gerückt hatte, kamen mehr Vögel, es wurde lauter und lauter und schließlich waren wir ein riesiger Schwarm, die Luft war schwarz von Vögeln und wir tanzten und quirlten durch die Luft, als ein riesiger Organismus. Es war fast ekstatisch, übermütig, ergreifend, fröhlich, sehr energievoll. Alle schnatterten laut. Ich habe meinen Begleiter dann aus den Augen verloren und die Trance war zu Ende. Zu anderen Themen sind wir gar nicht gekommen, ich hatte auch sonst keine Frage. Die Vogelgrippe ist mehr ein Menschenproblem. Die Vögel werden das überleben.

Die Internettrancereisegruppe ging zum Neumondtermin im Frühjahr 2008 in die Haltung der *Adena Pfeife*. Hier sind die Reiseberichte:

Kirsten:

Ich sehe zunächst nacheinander einige Tiere: Einen großen Frosch, einen Hirsch und Affen.

Dann bin ich plötzlich mit der Wahrnehmung sehr in meinem Körper. Eine Frau, die aussieht wie Felicitas Goodman ist bei mir und korrigiert meine Haltung. Anschließend wirkt sie zufrieden. Speichel beginnt sich in meinem Mund zu sammeln (links im Mund) und läuft mir aus dem Mund heraus. Das hört gar nicht mehr auf – habe das Gefühl, dass es ein Reinigungsprozess ist. Das geht die ganze Zeit weiter so bis zum Schluss; meine Lippen fühlen sich von der entspannten Haltung und dem Speichel ganz taub an. Ich versuche auch, Fragen zu stellen, bekomme aber die Antwort, ich solle „nur spüren".

Andrea:

Haltung der Adena-Pfeife, 7. März 2008, ich habe die Haltung um 17.30 Uhr gemacht.

Ich habe die Haltung für mich als Heilungsreise gemacht und um Achtsamkeit und Spüren in meine Mitte gebeten.

Das Rasseln führt mich zu einer jadegrünen Insel mitten im Ozean, die ich schon kenne. Im weißen Sand liegt eine große Schildkröte. Sie hat sich mir schon im Dezember in einer Trance angekündigt als meine Begleiterin für dieses Jahr, und sie und ich sind im folgenden Verlauf in einem unterschiedlich sich gestaltenden, sehr engen und intensivem körperlichen Kontakt, sehr sanft und liebevoll spüre ich ihre Aufmerksamkeit für alles, was ist. Sie ist langsam und achtsam und genau, – die Qualitäten, um die ich gebeten habe, spüre ich jetzt in dieser Begegnung, erlebe sie und fühle die Resonanz darauf sehr real. Später gelange ich durch ihren Rachen in ihr Inneres, eine warme, trockene, dunkle Höhle, in der ich mich einrolle und geborgen fühle. Sie trägt mir auf, möglichst viel über die Schildkröten-Qualität an Informationen zu sammeln und zu lernen. Dann verspricht sie mir, in mir präsent zu bleiben, mich weiter zu begleiten, auch nach dieser Trance-Reise.

Das ist tatsächlich so, es ist seither ein anderes Spüren. Ich bin gespannt, wie es sich weiter entwickelt.

Renate:

Ich erbitte mir Heilung für meine Rückenverspannungen.

Ich bin am Ufer des Sees in der andern Wirklichkeit, die Hirschkuh kommt und trägt mich am Ufer entlang. Weiter vorn ist ein Zelt, ich trete ein, es brennt ein Feuer und das Zelt wandelt sich zur Jurte.

Meine Aufgabe ist es, das Feuer zu nähren und Holz nachzulegen.

Später gehe ich über eine lange, weite, schmale goldene Brücke, die Hirschkuh führe ich am goldenen Halfter. Ich vermag nur über die Brücke zu gehen, weil ich mit der Hirschkuh in enger Verbindung bin.

Drüben angekommen, liege ich auf einer Blumenwiese, die Hirschkuh dicht neben mir und ruhe mich aus: Schlafen, Friede....

Später gibt's einen Tanz mit den Wesen, ohne dass ich diese sehen kann.

Ich mache mich auf den Weg zurück und weiss, dass dieser lang und beschwerlich werden wird. Da kommt die Hirschkuh, die fliegt mich zurück.

Ich fühle viel Leichtigkeit und Beweglichkeit.

Am Schluss sehe ich mich wieder in der Stadt, unterwegs, an der Arbeit, neu gestärkt.

Bemerkungen:

Immer wieder begegnet mir in den letzten Wochen und Monaten die Hirschkuh, die mich mitnimmt, zur Ruhe führt, die mich aber auch darauf hinweist, dass nur in Verbindung mit ihr (für mich symbolisiert sie die spirituelle Dimension) ich meine Arbeit erfüllen kann und genährt werde.

Susanne:

Vorab muss ich die Vorgeschichte erklären. Klaus war ein alter Freund von mir (wir kannten uns ca. 26 Jahre), der mich vor meinem damaligen Freund, der mich verprügelt hat, beschützt hat. Klaus habe ich sehr viel später einige Jahre „betreut". Er war sehr schwer erkrankt und bettlägerig (Multiple Sklerose) und hat sich während seiner schweren Krankheit sehr in mich verliebt. Ich musste mich dem „entziehen", weil ich diese Liebe nicht erwidern konnte... Ich bin sicher, Du verstehst. Jedenfalls habe ich den Kon-

takt abgebrochen (mit einem sehr schlechten Gewissen), denn ich fühlte mich schon „irgendwie" verantwortlich.

Im Herbst letzten Jahres hatte ich plötzlich das Gefühl, dass Klaus verstorben ist. Wie ich dann erfuhr, war das auch der Fall.

Damit zu gestern Abend.

Zu Beginn der Meditation war Klaus SOFORT da! Als ob er nur auf diesen Moment gewartet hätte! Ich habe sowieso das Gefühl, daß er öfter bei mir ist... Groß und stark wie er früher war, mit seinen langen, lockigen Haaren, stand er neben, etwas „über" mir. Er freute sich sehr! Er gab mir zu verstehen, daß er mich in dieser Intensität vorher nicht erreichen konnte! Er bestärkt mich, meine Trauer auszuleben, Tränen los zu lassen, Heilung zuzulassen und er nennt mich „Spatz", wie zu Lebzeiten. Ich musste weinen!

Der Indianer-Häuptling, der mir in Meditationen immer wieder begegnet ist, unterbricht seinen Gesang und sagt: „Höre hin!"

Und wieder sind da Wolf und Adler, die das Ganze beobachten und mir auch immer wieder sagen: Höre hin — und fühle! Klaus sagte: „Ki sagt, es geht um Heilung. Also lasse sie auch zu! Lass los, mein Spatz!" Und Klaus lächelt! Mitfühlend, sanftmütig und weich. (So war er zu Lebzeiten nicht sehr oft, wenigstens konnte er es gut verbergen). Er meint: „Alles ist gut und alles ist richtig, aber Spatz, dass weißt Du doch eigentlich. Aber höre hin! Und lasse los!" Dann verstehe ich erst, was alle meinen! Es ist sehr viel Trauer in mir und meine Aufgabe heute Abend soll sein, meine Trauer auszuleben und loszulassen! Ich muss auch die ganze Zeit weinen. Klaus und der Häuptling nickten zustimmend. Und ich habe das Gefühl, daß beide nur für mich da sind und mir Heilung zuteil werden lassen. Plötzlich sind noch Marion und Petra da (zwei verstorbene Freundinnen). Die wohl nur anwesend sind um mit Klaus und Häuptling zusammen den letzten Satz zu sagen. „Nun ruhe Dich erst mal aus." Dabei hatte ich das gute Ge-

fühl, dass ich auch ausruhen darf. (In der Realität gestatte ich mir das nicht sehr oft.) Und damit zogen sich auch alle Anwesenden zurück und meine Meditation war zu Ende.

Marie:

Die Trance war tiefer und inniger, als wenn ich es allein gemacht hätte.

Ich war seltsamerweise im Totenreich, wo die Sonne schien und ein Pfirsichbaum wuchs. Dort habe die alte Schamanin Maria Sabina getroffen (die ich wahrhaftig auf einer Reise mal in ihrer Hütte aufgesucht hatte). Und schließlich habe ich meine Pflegemutter (die noch lebt, aber sehr alt ist), auf dem Totenbett gesehen und mein Herz für sie geöffnet – alles Dinge, die ich so noch nicht erlebt habe.

Bettina:

Heute ganz kurz: Gefühle von kurviger Bewegung. Angenehme Wärme. Brechreiz. Kopfweh. Der Drang zu malen oder GurdjeffMovements zu machen, das heißt für mich Form und Farbe in einer bestimmten Ordnung wiederzugeben, wiederzufinden, Hingabe zu Form und Musik und auch zur Gruppe, Stimmigkeit.

Ki:

Ich habe für die Gruppe gerasselt. (Gleichzeitig zur virtuellen Gruppe fand eine Trainingsgruppe statt.) Es war eine der seltenen Erfahrungen, wo ich wirklich auch während einer langen Zeit des Rasselns selber tief in Trance gewesen bin.

Ich wuchs zu einer riesigen Größe, flog dann zu dem Ort, an dem ich vor vielen Jahren im Wäldchen eine meiner allererstem Trance-Erfahrungen mit der Methode gemacht habe.

Dort standen wir mit singenden Schamanen.

Es war vom Gefühl wie eine zusammenfassende Zeitreise aller je von mir gemachten Trancen.

Wie ein großer Kreislauf des Trancelebens.

Nachwort der Autorin

Ich habe die Trancehaltungen zum ersten Mal „getroffen" im Klassiker von Felicitas Daniels Goodman, der mir 1991 von einer Freundin empfohlen wurde und dann auch sofort beim nächsten Buchladenbesuch in die Hand sprang.

Seitdem hat die Faszination über die Trancehaltungen nie wieder aufgehört. Vergleichbar einer Liebesbeziehung, die verschiedene Stadien durchläuft, von stürmischen Anfängen, über Phasen, die Durchhaltevermögen brauchen, bis zur Liebe der Weisen Alten, ist alles vorhanden. Die Phasen wechseln sich ab, manchmal gibt es wieder stürmisches wie zu Beginn, manchmal weiß ich einfach, dass diese Technik zur „Liebe meines Lebens" geworden ist.

Das ist wohl auch der Grund, wieso ich nun nach Jahren des immer wieder darüber Sprechens Raum in meinem Leben geschaffen habe, dieses Buch zu schreiben.

In entscheidenden Phasen meines Lebens habe ich immer wieder Antworten erhalten von den Geistwesen, die aus der Kosmologie der Haltungen stammend, bereit sind in unsere Dimension zu Besuch zu kommen, wenn wir sie einladen, wenn wir bereit sind, uns für ihre Welt zu öffnen.

Sie sind mir zugewachsen wie liebe Verwandte, in gewisser Weise verlässlicher als meine realen menschlichen Verwandten und Freunde. Die *Lady von Cholula* konnte mir oft den Rat der Weisen Alten geben, den ich von meinen Großmüttern schon lange nicht mehr bekommen kann, weil sie nicht mehr in dieser Welt leben. Die Möglichkeit, eine Seelenreise machen zu können, entschädigt für lange Jahre der Langeweile auf harten Kirchenbänken. Besonderen Spaß macht diese Haltung, seit ich eine Rampe besitze, auf der ich im richtigen Winkel durch mein Dachfenster starten kann.

Ich habe die Trancehaltungen immer als eine sichere Möglichkeit erfahren, mit Welten jenseits der diesseitigen, bekannten in Kontakt zu sein.

Viele Menschen sind mir begegnet, denen ich die Technik zeigen durfte. Einige davon waren ähnlich begeistert wie ich, manche konnte ich ein Stück ihres Weges mit Hilfe der Haltungen begleiten. Und es gibt auch Menschen, die einfach nichts mit der Technik anfangen können. Bei aller Liebe zu den Trancehaltungen und viel Hingabe an die Bekanntmachung und Weiterentwicklung der Trance nach Goodman, schiene es mir trotzdem vermessen, zu behaupten, dass dies etwas für alle ist.

So vielfältig Menschen sind, so vielfältig sind auch die Wege, die sie zur Heilung und Bewusstwerdung beschreiten können.

Missionarischer Eifer ist mir fremd. Jeder sollte die Techniken anwenden, die wirken, und das ist nicht für alle das Gleiche. Trotzdem bin ich der Meinung, dass Trancehaltungen nach Felicitas Goodman noch nicht so bekannt sind unter den Menschen, wie sie das sein sollten.

Möglicherweise hat Felicitas selber dazu beigetragen. Sie erlebte, als sie ihre Forschung mit den Haltungen zum ersten Mal auf einem Anthropologenkongress vorstellte, eine ziemlich große Enttäuschung. Während sie selber das Gefühl hatte, etwas bahnbrechend Neues zu präsentieren, wurde das von ihren meist männlichen Kollegen kaum zur Kenntnis genommen.

So hat Felicitas selber auch manches Mal gezögert, bevor sie sich an eine breite Öffentlichkeit gewandt hat mit ihren Forschungsergebnissen. Auch ihr Cuyamungue Institut ist in gewisser Weise ein Geheimtipp gewesen, nichts was einer breiten Masse bekannt geworden wäre.

Vor einigen Jahren nahm sich Hollywood des Falles von Anneliese Michel an und der Film „Emily Rose" entstand. In diesem Film sehen wir eine junge Anthropologin, die das Gedankengut von F. Goodman repräsentieren darf und der Name Felicitas Goodman fand sich auf dem Poster zum Film. Fast gleichzeitig entstand auch ein deutscher Film – „Requiem"– der die Thematik des Exorzismus aus anderer Sicht be-, um nicht zu sagen, verurteilt.

Es ist nicht immer einfach mit der Thematik der ekstatischen Trance in der Öffentlichkeit zu stehen. Das Wissen um erfahrbare Religiosität ist so weit verlorengegangen in unserer westlichen, von Amtskirchen geprägten Gesellschaft, dass viele Menschen davor zurückschrecken. Die Ängste sind vielfältig, oft muss ich versichern, dass man ganz sicher nicht steckenbleibt in der anderen Welt, dass es genau genommen so ist, dass wir zwar eine geistige Welt betreten, dass die Geistwesen sich aber nicht unseres Körpers bemächtigen, so wie das in Besessenheitskulten oder bei der New Age Technik des Channelings geschieht.

Oft verstehe ich, dass der Einstieg in ein selbstbestimmtes System, wie das unserer Trancehaltungen, mühsam ist für Menschen, die Abhängigkeit gewöhnt sind. In einer Kultur, in der seit hunderten von Jahren das Spirituelle nicht mehr als sinnliche Erfahrung erlebt werden durfte, sondern allein von Priestern als den religiösen Spezialisten den Menschen vermittelt wurde, braucht es Mut, auf Trancereisen zu gehen. Gleicherweise ist es zutiefst in den Köpfen der Menschen verankert, dass unsere westlichen Ärzte die Wege zu Heilung vorschreiben sollten. Da ist es manches Mal nicht leicht für Großvater Bär, den alten Heiler, sich Gehör und Akzeptanz zu verschaffen.

So hoffe ich nun, dass dieses Buch ein wenig dazu beitragen kann, dass eine wunderbare Technik größere Bekanntheit erreicht.

Frei nach dem alten Spruch „Probieren geht über Studieren", rufe ich meinen Lesern zu: Versuchen Sie es, Sie können nur gewinnen.

Danke!

Ich danke an dieser Stelle meinem Mann John und meiner Tochter Laura, dass sie mich schreiben ließen, zu Hause und anderswo und meine Abwesenheit, sowohl die körperliche als auch manches mal die geistige, akzeptiert haben.

Meiner Mutter für die vielen angezündeten Kerzen.

Frohmut und Hans Christian, die auf ihre Weise meinen Schreib-Prozess unterstützt haben.

Meiner Lehrerin Diane für ihre Teachings, die Zeit einzufangen.

Raimund für sein geduldiges Ohr und die vielen guten Tipps.

Allen meinen Seminarteilnehmern, einige finden sich wieder in diesem Buch. Beim erneuten Durchlesen all der Mitschriften aus mehr als einem Jahrzehnt der Seminartätigkeit mit den Haltungen, sind viele von Euch für mich sehr präsent gewesen. Es war, als ob ich ein großes Familienalbum nach langer Zeit neu aufschlagen würde. Vieles fühlte sich an, als sei es erst vor ein paar Tagen geschehen. Einige von Euch sind jetzt „groß geworden", einige von Euch sind immer wieder in den Seminaren. Ich bin dankbar, diese Arbeit mit Euch zu tun.

Allen, die als Assistenz in den Seminaren seit vielen Jahren Protokolle verfasst haben, Bettina, Marion, Jana und Claudia, dank euch für die Arbeit des Mitschreibens und die vielen Stunden des Sinnierens.

Dank meinen Freundinnen, die häufig auf mich verzichten mussten, es sei denn, sie waren bereit, sich die Geschichten um die Trancegeister anzuhören, Beate, Brigitte, Hildegard, Ursula und Christiane haben alle mitgeholfen am Prozess der Entstehung dieses Buches.

Danke für die Fotoarbeiten an Wibke, Simone und Olaf.

Immer wieder Dank unserer geliebten Felicitas Daniels Goodman für die Wiederentdeckung dieser uralten Technik und ihren Mut und Einsatz, sie in die moderne Welt zu tragen.

Und last but not least Dank allen Trancewesengeistern, die mich immer wieder durch Windschübse auf den Weg brachten, wenn ich aufgeben wollte – vielen herzlichen Dank!

Bibliografie

Dockstader, Frederick, *Indianerkunst, Welt der Indianer und Eskimo*, Stuttgart 1965

Dockstader, Frederick, *Indianerkunst, Welt der Indianer Mittelamerikas und Westindiens*, Stuttgart 1968

Dockstader, Frederick, *Indianerkunst, Welt der Indianer Südamerikas*, Stuttgart 1969

Gimbutas, Marija, *Die Sprache der Göttin*, Frankfurt 1995

Gimbutas, Marija, *Die Zivilisation der Göttin*, Frankfurt 1996

Goodman, D. Felicitas, *Wo die Geister auf den Winden reiten*, Freiburg im Breisgau 1989

Goodman, D. Felicitas, *Trance, der uralte Weg zum religiösen Erleben*, Gütersloh 1992

Goodman, D. Felicitas, *Meine letzten 40 Tage*, Zürich und Düsseldorf 1996

Goodman, D. Felicitas, *Die andere Wirklichkeit, über das Religiöse in den Kulturen der Welt*, München 1994

Goodman, Felicitas u. Nauwald Nana, *Ekstatische Trance – Rituelle Körperhaltungen und ekstatische Trance*, 1998

Gore, Belinda, *Ecstatic Body Postures* (Ekstatische Körperhaltungen), Santa Fe 1995

Gore, Belinda; *The Ecstatic Experience*, Rochester, Vermont 2009

Harner, Michael, *Der Weg des Schamanen*, Genf 1994

Ingerman, Sandra, *Welcome Home – Auf der Suche nach der verlorenen Seele*, San Francisco 1993

Ingerman, Sandra, *Die Heimkehr der Seele, Schamanische Selbstheilung*, San Francisco 1991

Linne, Sigvald, *Alt-Amerika*, Baden-Baden 1960

McNeley, James Kale, *Holy Wind in Navaho Society*, The Arizona Board of Regents, 1981

Mindell, Arnold, *Traumkörper in Beziehungen*, Basel 1994

Mindell, Arnold, *Den Pfad des Herzens gehen: Traumkörperarbeit, schamanische Praktiken und moderne Psychologie*, 1996 Engl. Originalausgabe: The Shaman´s Body, New York 1993

Schiering, Wolfgang, *Funde auf Kreta*, Frankfurt, Zürich 1976

Jahrbuch für Transkulturelle Medizin und Psychotherapie 1994, Hrg. Renauld van Quekelberghe & Dagmar Eigner, Berlin 1996

Von Wuthenau, Alexander, *Altamerikanische Tonplastik*, Baden-Baden 1960

Unser aktuelles Programm, Vorankündigungen von Neuerscheinungen und Nachauflagen, Adressen von Visionssucheseminaren, Termine mit unseren Autoren, Leseproben, Inhaltsverzeichnisse, Textauszüge, Titelabbildungen und noch vieles mehr finden Sie auf unserer Homepage. Von dort gelangen Sie auch direkt zu unserem Online-Shop, wo Sie unter anderem eine große Anzahl von Sonderangeboten vorfinden.

www.arun-verlag.de